ちくま新書

縄文vs.弥生

——先史時代を九つの視点で比較する

設楽博己
Shitara Hiromi

1624

縄文vs.弥生――先史時代を九つの視点で比較する【目次】

Ⅱ　ライフヒストリーと社会　

第4章　通過儀礼の変容――耳飾り・抜歯・イレズミ　

Ⅲ　文化の根源・こころの問題　181

第9章　縄文土器と弥生土器　237

はじめに

†「縄文vs.弥生」という視点

東北、北海道の縄文遺跡群が世界遺産に登録された。西日本に残された弥生時代の遺跡群も黙ってはいられないだろうが、西日本の弥生遺跡の登録は難しいかもしれない。なぜならば都市開発が進んでしまい、残りのよろしくない遺跡が多いからである。首都圏の大きな弥生遺跡のまわりはビルが立ち並び道路が走るなど、景観をそこねるマイナス点も目につく。

それに対し、登録された東北地方、北海道の縄文遺跡の多くは歴代の首都や文明の表舞台からは遠いことが幸いして、奇跡のようにありし日の姿をしのぶことができるのである。それでも大阪府の百舌鳥《もず》古墳群などは、大都市圏にありながらも世界遺産になっているではないかと思われるかもしれない。しかし、それは宮内庁が管理してきたという特殊な経緯があるからで、こうした環境が守られてきたことも、ある意味で奇跡的といってよい。「縄文vs.弥生」という視点は、現代文明の成り立ちを考えるうえでも大変示唆的で、奥深い。日本列島における現代文明の基礎の多くは弥生文化によって築かれた。農業（水田稲作をはじめとする穀物栽培）、人口増加、権力（支配、被支配の関係）、権力闘争がからんだ政治、戦争、金属器生産のハイテク技術、外交（大陸との交渉）など、いずれも弥生時代に由来する。また、遺跡の景観を損ねている都市化の問題も、弥生時代に端緒がある。

それを基軸として歴史の歯車が回っていったのは、人々がよりよい暮らしを求めて突き進んだ結果である。現代文明に進歩的な思想が根付いていてよりこの方、いつの時代でも歓迎されてきたのはテクノロジーの進化と競争社会であり、それによる産業革命やＩＴ革命などを経て便利で暮らしやすい世の中も実現した。

その一方で、新たに背負い込んだやっかいごとも多い。上記の項目をみただけでも、文明の基礎になる弥生文化は既に文明社会に特有の病理をはらんでいることに気づく。弥生文化という新しい文化は、これらの負の遺産を内在した仕組みがセットされていた点に大きな問題があるといえよう。

都市化を目指したのが弥生文化であれば、北の縄文文化とは対照的な歴史を歩むことになったのは必然であり、世界遺産に寄せて思い浮かんだ、東と西が行きついた結末の違いに、縄文文化と異なる弥生文化の性格がはしなくも表れているであろう。

しかしながら、弥生文化にはその下地となる様々な事柄が、縄文文化から伝承された。魚や獣をとる技術、植物に対する知識、食料加工の技術、土器づくり、黒曜石の利用、漆工芸、竪穴建物の技術など、それらは主に民衆のスローで伝統的な生活の分野において、新たな文化と社会を支えたであろう。

弥生文化は縄文文化がなくては成り立たなかった。というよりも、それがなければ今残されている弥生文化とは相当隔たったものになっていたに違いない。

かつて、先史考古学の山内清男《やまのうちすがお》は、弥生文化が「大陸系の文化要素」と「縄文系の文化要素」、そして「固有の要素」の三つから成り立っているという構想を示した。みんな賛成したが、どうしても華やかなイメージの大陸文化に目がいきがちで、縄文系の要素は研究がそれほど進んでいるわけではない。

本書はこの点に鑑みて、縄文文化と弥生文化を比較しつつ、弥生文化に残されている縄文文化の要素にも留意して書き進めていく。あまり華やいだものにはならないかもしれないが、便利なもの、きらびやかなものを追い求める一方で失われてしまった大事なものに光が当てられれば幸いである。

†本書の構成

本書は一〇章からなるが、「生業《なりわい》（Ⅰ：経済活動の基本原理）」「社会（Ⅱ：ライフヒストリーと社会）」「精神（Ⅲ：文化の根源・こころの問題）」の三部構成とした。「生業」に関して、第1章で縄文時代と弥生時代の分水嶺になった農耕を、第2・3章で縄文時代の基礎的な生業である漁撈と狩猟を取り上げる。「社会」については、第4章でイレズミや抜歯などの通過儀礼を、第5章で通過儀礼の延長線上にある祖先祭祀を、そして第6章で社会のなかの不平等問題を扱う。さらに「精神」について、男女のコスモロジーを第7章で、造形品にみる空間意識と土器にみる精神性を第8・9章で論じる。そして終章で全体を総括して、本書で言いたかったことをまとめてみたい。

なお、年代は縄文時代晩期とか弥生時代前期というように表記するのが望ましいが、縄文晩期、弥生前期などと省略する。縄文時代は六期に、弥生時代は四期に区分されているが、それぞれの時期の始まりの実年代を、縄文時代は小林謙一の業績〔小林二〇一九〕にもとづいてあらかじめ整理しておく。

縄文草創期：約一万五〇〇〇年前
縄文早期：約一万一三〇〇年前
縄文前期：約七〇〇〇年前
縄文中期：約五四〇〇年前
縄文後期：約四五〇〇年前
縄文晩期：約三二〇〇年前

弥生早期（北部九州地方）：紀元前九世紀
弥生前期（北部九州地方）：紀元前八世紀
弥生前期（近畿地方）：紀元前七〜前六世紀
弥生前期（伊勢湾地方）：紀元前六〜前五世紀
弥生前期（東日本）：紀元前五〜前四世紀
弥生中期：紀元前四世紀
弥生後期：紀元一世紀

I　経済活動の基本原理

第1章 縄文農耕と弥生農耕——レプリカ法で探る

1 縄文時代の農耕を求めて

†一本の電話から

もう四半世紀前になるが、職場にかかってきた電話は耳を疑うものであった。

「設楽さんが以前報告された籾圧痕《もみあっこん》がどうもイネの籾ではないのですが、報告してもよいでしょうか……」

それを遡ること数年前、就職して間もない頃、大学院で研究していた弥生土器の形成過程の問題をさらに深めるべく、私は長野県での調査を終えて山梨県に入った。韮崎《にらさき》市中道《なかみち》遺跡の縄文晩期終末の土器の実測と拓本をひとわたり終えて片付けていたときに、一片の土器に圧痕があることに気づいた。イネの籾の圧痕ではないか。縄文晩期の稲作の証拠になるかもしれないから大事にしてください、と韮崎市の山下孝司《こうじ》に告げて帰った。

　その後、山下から大きな進展があったと連絡があり、環境考古学の外山《とやま》秀一と職場を訪ねてこられた。外山は、プラント・オパール分析を専門にしている。プラント・オパールは植物珪酸《けいさん》体というイネ科植物に顕著なガラス質の細胞組織であり、植物によって形が異なる。イネのプラント・オパールはイチョウの葉の形を

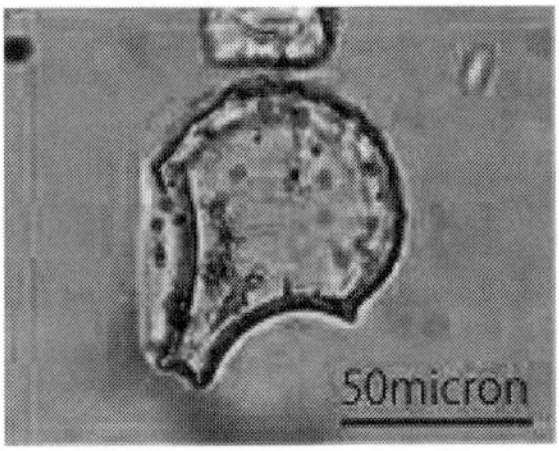

イネのプラント・オパール

しているが、それが私の見つけた籾痕土器の胎土から検出されたというのである。

　籾痕とイネのプラント・オパールがそろっていれば、イネの存在は間違いない。土器は五センチほどの小さなもので文様もなかったが、一緒に出土した土器がほぼすべて氷《こおり》Ⅰ式土器という縄文晩期終末のものだから、年代も確かだろう。この結果は、縄文時代にイネが存在していたことを示している。われわれは喜び勇んで雑誌に報告した。

†レプリカ法とは

　電話の主は中沢道彦だった。中沢がその土器の圧痕に用いた調査方法はレプリカ法であ

る。

　土器や土製品は粘土をこねて形づくるが、その際にまわりにある色々なものが素地に混ざる。稲作を行っていれば、そこにこぼれ落ちた籾が混ざることもある。土器を焼いたときに籾自体はなくなるが、圧痕（スタンプ痕）は残る。その圧痕のくぼみに歯医者さんが歯の型取りに使うシリコンを流してレプリカを作成し、それを走査型電子顕微鏡で観察して、植物であれば種を同定するのがいわゆる「レプリカ法」である。

　土器の年代がはっきりしていることが前提になるが、そこに稲籾の圧痕があれば、稲作が行われていたこと、あるいは少なくとも土器の周辺にイネがあったことの動かぬ証拠となる。

　粘土を使った土器圧痕の研究は大正時代に既に見られたが、きわめて鮮明な型をとることのできるシリコンによるレプリカ法は丑野毅《うしのつよし》が開発した分析方法であり、中沢は丑野とタッグを組んでこの方法を武器に土器圧痕の調査（以下、「レプリカ調査」と略記）を進め、稲作をはじめとした農耕開始期の問題にチャレンジしていったのである。その成果の第一弾が、中道遺跡の圧痕土器の分析であった。

　私は中沢の律儀な電話に痛み入ると同時に、呆然とした。

　植物圧痕の種の同定は、専門家を交えて行うのがベストである。植物考古学の松谷暁子《まつたにあきこ》を交えて行った調査の結果、中道遺跡の土器の圧痕の正体は、オオムギであった。

その後、中沢らのレプリカ調査と研究の進展はすさまじく、触発された小畑弘己《おばたひろき》や高瀬克範《かつのり》、中山誠二、山崎純男らが様々な角度からこの方法を用いて農耕開始期の諸問題に取り組み、色々なことがわかってきた。

レプリカ法の有効性を肌身に感じて体験した私は、いつまでもメソメソしているわけにはいかないと、レプリカ調査を中心とした研究を企画して科学研究費（以下、「科研」と略記）を申請し、二〇一三年から二期六年間にわたる調査研究をスタートさせた。

その結果をお話しする前に、いわゆる「縄文農耕論」がこれまでどのように議論されてきたのか、そしてレプリカ調査によってそれがどこまで検証されたか、かいつまんで述べることにしよう。

†縄文農耕論とはなにか

縄文時代の農耕の存否をめぐる議論は、一般的に「縄文農耕論」と呼ばれている。

戦前、史前学研究所を主宰していた大山柏《かしわ》は、関東地方の縄文中期に打製石斧《せきふ》（打製土掘具）が爆発的に増えることから、それを農具とみなして、この時期に原始農耕があったのではないかと考えた。

戦後になって、藤森栄一もやはり縄文中期の文化に目をつけた。郷里の信濃地域の八ヶ岳山麓には、縄文中期に豪華な土器がつくられ、土偶が盛んになり、打製石斧や石皿などの植物食のための道具が増える一方で狩猟に使う石鏃《せきぞく》が乏しいことなどから、文化を支えたのが農耕だったと考えた。これらが、いわゆる「縄文中期農耕論」である。

一方、一九五〇年代になると、縄文後・晩期に農耕があったのではないかという「縄文後・晩期農耕論」が生まれる。中期農耕論と同じように打製石斧が九州地方など西日本の縄文後・晩期の遺跡で多量に出土することから、それを農具として農耕の存在を認めようという立場の賀川光夫《かがわみつお》らが主張して六〇年代以降に議論が盛んになった。

文様が派手な東北地方の縄文晩期の亀ヶ岡式土器と比べると九州地方などの縄文後・晩期の土器は黒光りした無文の土器が多いが、それは中国の黒陶の影響であり、農耕も伴って伝播したのではないかという、主に西日本の遺跡をもとに立てた説であった。

†縄文農耕論への批判と期待

大山の縄文農耕論は、山内清男が批判した。青森県つがる市亀ヶ岡遺跡や埼玉県さいたま市真福寺貝塚など、植物質の遺物が残る縄文時代の低湿性の遺跡から栽培植物が検出されることがあるが、それは後世の混入だというのがその理由である。

藤森の縄文中期農耕論の泣きどころも、同じく栽培植物が不明なことである。長野県の縄文中期の遺跡からアワの炭化種実がみつかったとされたが、分析の結果はエゴマであった。エゴマも栽培植物なので大きな発見ではあったが、主食を栽培していた証拠としてはやはり穀物がほしい。

一九六六年に行われたシンポジウム「日本における農耕及び弥生文化の起源と系統」は、縄文後・晩期農耕論にとってタイムリーであった〈石田ほか一九七五〉。日本考古学、東アジア考古学、文化人類学の研究者によるスケールの大きな会であったが、席を支配した雰囲気は縄文後・晩期には肝心の穀物のデータがきわめてわずかしかないから、「具体的な証拠が乏しい」という冷ややかなものであった。

しかし、司会を担当した文化人類学の泉靖一《いずみせいいち》が、「すくなくとも北九州には、〈縄文後・晩期に農耕が〉存在していた可能性が高いように思われます」と締めくくったのは、縄文後・晩期農耕論の栽培植物の証拠が中期農耕論よりいささか恵まれていたからであろう。

†学際研究がもたらした発展段階論

泉の指摘を発展させたのが、植物学の中尾佐助と民族学の佐々木高明《こうめい》である。

中尾と佐々木は、西日本の照葉樹林帯における農耕の発展の図式を以下のように整理した。それは、「野生採集段階→クリなどの半栽培段階→イモなどの根茎作物栽培段階→雑穀栽培段階→水稲栽培段階」であり、佐々木はこの五段階のなかに縄文時代から弥生時代への農耕の展開を位置づけようとした。

佐々木は、九州などの縄文後・晩期の遺跡はその多くが台地や高原に立地し、打製石斧を用いており、わずかながら土器にイネの籾痕が検出される場合のあることなどから、雑穀やイモ類を中心に焼畑《やきはた》農耕を行っていたと考えた。つまり、九州などの縄文後・晩期の農耕を栽培の第四段階ととらえたのである〔佐々木一九八六〕。

こうした民族学の発展段階論的な考え方は、考古学による初期農耕の解明と無縁ではない。福井県若狭町鳥浜貝塚は植物質遺物の残りがよい低湿性遺跡であり、一九七〇年代の発掘調査で縄文早期にさかのぼるヒョウタンやアサ、ゴボウなどの栽培植物が出土した。縄文時代の栽培植物の具体的な証拠が、考古学者や植物学者、生態学者らの共同研究――学際研究――で徐々に明らかにされていき、縄文文化が採集狩猟だけに頼るものではないという印象が強くなった。

†穀物の証拠を求めて

初期農耕問題に関する学際的な研究といえば、植物学からの貢献が著しい。そのいくつかを紹介すると、花粉分析により北部九州では縄文後期から稲作が行われていたとされ、北陸や東北地方の縄文後・晩期の地層からソバの花粉が検出された。プラント・オパール分析では、九州の縄文後期末から晩期初頭の地層および縄文晩期の土器の胎土中からイネのプラント・オパールが検出された。これらの成果は、七〇年代から八〇年代はじめに次々と報告されていったのである。

縄文農耕論の泣きどころであった、肝心の穀物の証拠はどうだろうか。花粉化石やプラント・オパール以外に穀物の存在を具体的に証拠づける資料としてまず求められるのは、炭化種実と土器などの圧痕である。賀川は、熊本県大津町ワクド石遺跡をはじめとするイネ籾圧痕土器をその証拠として取り上げた。

一九八一年には、寺沢薫と寺沢知子が日本先史時代の植物食の基礎データを集成して提示した〔寺沢・寺沢一九八一〕。それによると、縄文晩期終末をさかのぼる炭化米とイネ籾圧痕のある土器が四例挙げられている。ムギ類では、後期後半の筏《いかだ》遺跡のエンバクがある。

調査方法の改良も一役を買った。遺跡の土壌を定量的にサンプリングし、ふるいにかけて微細な動物の骨や植物遺体を回収する「フローテーション」という方法である。この方法は欧米で開発されて七〇年代に日本に導入され、八〇年代以降に北海道や東北地方の発掘調査で浸透し、炭化穀物種実を検出するのに大いに貢献した。

その成果は数々あるが、ここでは本書の議論に関わる事柄として、青森県八戸市風張《かざはり》1遺跡における縄文後期の竪穴住居跡の土壌をふるいにかけて、炭化米やアワ、キビが検出されたことを記しておく。

†教科書の記述によると

一九九〇年代から二〇〇〇年代になると、イネ籾圧痕とイネのプラント・オパールの検出はピークを迎えたが、それを牽引したのが高橋護《まもる》である。高橋は、岡山県総社《そうじゃ》市南溝手《みなみみぞて》遺跡や倉敷市福田貝塚の縄文後期の土器からイネ籾圧痕を検出し〔高橋一九九二〕、岡山県美甘村《みかもそん》姫笹原《ひめささはら》遺跡の縄文中期の土器の胎土中、さらに岡山市朝寝《あさい》鼻《ばな》遺跡や灘崎《なださき》町彦崎貝塚の縄文前期の地層からイネのプラント・オパールを検出して新聞をにぎわせた。彦崎貝塚からは、イネの他にキビやヒエのプラント・オパールも検出されている。後・晩期農耕どころか、稲作は縄文前期にまでさかのぼるのではないかと、強い印象を与えたのであった〔高橋ほか二〇〇五〕。

こうした研究の進展を受けて、高校の日本史教科書では縄文時代は「一部にコメ・ムギ・アワ・ヒエなどの栽培も始まっていた可能性が指摘されている」とあり、あるいはさらに踏み込んだ「縄文後期の土器の胎土中からイネの葉にあるガラス質細胞〔プラントオパール）が検出されて、イネの流入も縄文時代にさかのぼることが明らかになりつつある」との記述がみられるようになった。

教科書は文科省の厳しい検定があり、たとえ註であっても、よほど信頼できるデータを積み上げないことには検定に通らない。

このように、花粉などの自然科学的な分析、賀川の取り組みや寺沢の集成、あるいは遺跡の発掘調査方法の改良、高橋を中心としたプラント・オパール分析など各方面からの地道な取り組みにより、イネと雑穀の穀物栽培が縄文晩期以前にさかのぼる具体的な証拠が提示され、佐々木の構想を裏付ける条件が整ってきた。資料もまだ乏しいし批判的意見も根強いが、縄文後・晩期農耕論の評価は、こうした教科書の記述の変化が象徴しているといってよいだろう。

2　新たな分析による縄文農耕論の現在

†^{14}C年代測定とレプリカ調査の進展

ところが、いくつかの分析や再検討によって、判断の雲行きが怪しくなってきた。一つは「炭化種実」の年代測定による分析であり、もう一つは先に紹介した「レプリカ調査」、そして「土器型式」の再検討である。

まず、「炭化種実」の年代測定によって、いくつかの年代に疑問符が付いた。風張1遺跡の炭化米は、キャサリン・ダンドレアが^{14}C年代測定した縄文晩期〜弥生中期のものであるというデータがあるが、小林謙一が別の炭化米を測定したところ、今から二〇〇年ほど前というきわめて新しい年代のものであった〔小林二〇〇九〕。

青森県八戸市八幡遺跡では、弥生前期の竪穴住居内に堆積した土壌から炭化米やアワ、キビ、ヒエが出土しており、東北地方で弥生前期から雑穀を含む複数の種類の穀物を栽培していた有力な証拠とされていた。

しかし、高瀬克範は東北地方のこの時期の土器にイネの圧痕はいくつも検出されるのに、雑穀の圧痕はみつからないと報告している〔高瀬二〇一〇〕。八幡遺跡の色々な雑穀はどうしたことかと疑問に思い、穀物の全種類を年代測定した。その結果は、炭化米の年代は弥生前期でよいが、各種の雑穀の年代はいずれも中世であった〔國木田ほか二〇一一〕。

一方の「レプリカ調査」について、中沢がまず取り組んだのは、これまでに縄文後・晩期農耕論の根拠とされていた学史的な資料を含むイネ籾圧痕の調査である。その結果をまとめて紹介しよう〔中沢・丑野二〇〇五、中沢二〇〇九〕。

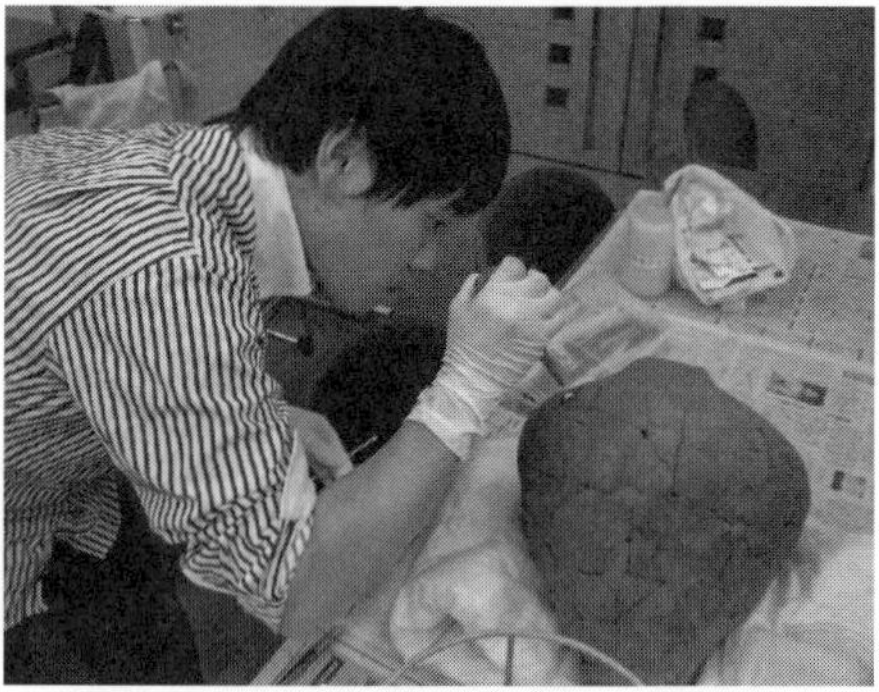

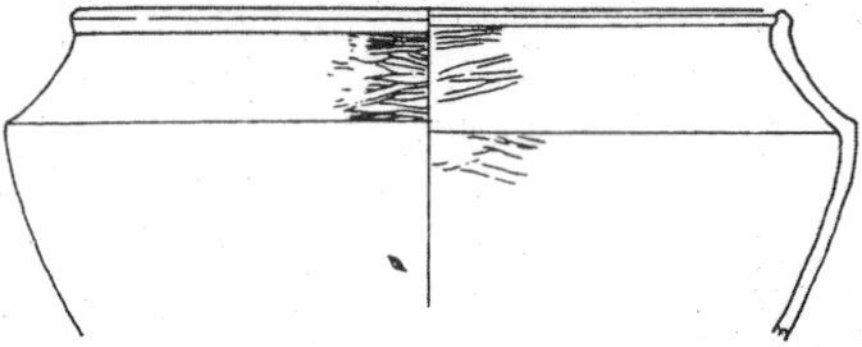

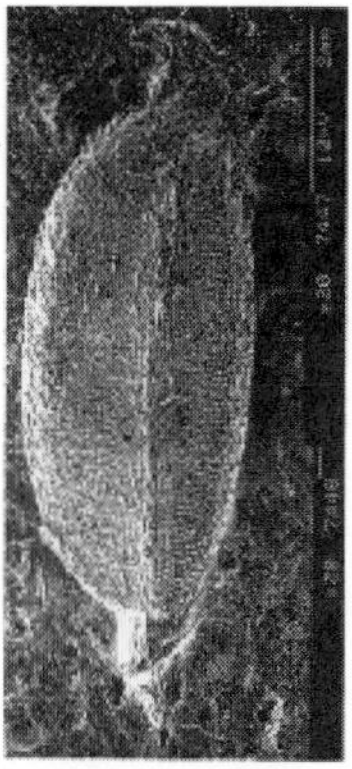

上：レプリカ調査風景（筆者撮影）、中：長野県飯田市石行《いしぎょう》遺跡出土縄文晩期後半の籾痕土器、下：石行遺跡出土土器の籾痕のレプリカ電子顕微鏡写真（中・下とも中沢・丑野 1998 より）

賀川が報告した縄文後期終末〜晩期初頭のワクド石遺跡の土器圧痕は、イネ籾以外の種子の圧痕であった。高橋が報告した縄文後期の福田貝塚の土器圧痕はイネである根拠がないとし、山崎が報告した最も古いイネ籾圧痕という熊本県天草市大矢遺跡の後期初頭の土器圧痕は、イネの籾にある特有の顆粒《かりゅう》状組織が認められないとした。

さらに、「土器型式」の再検討であるが、高橋が縄文後期とした南溝手遺跡のイネ籾圧痕土器は、型式学的な研究を踏まえれば、縄文晩期終末ではないかという。

†日本列島の穀物栽培の起源

もっとも、以上の分析によって、それまでに与えられた年代のすべてが否定されたわけではない。例えば、熊本市石《いし》の本《もと》遺跡の縄文後期終末の土器圧痕のように、顆粒状組織はあるがイネと確定するのが困難なものも含まれているので、その時期までイネの出現がさかのぼる可能性はゼロではないからだ。

しかし、植物学者とともに基準に照らしながらシビアに種を同定した結果だけにもとづくと、現在だれもが認める日本列島で最も古いイネ、アワ、キビなど大陸系穀物の土器圧痕は、縄文晩期終末をさかのぼらない。

それを確かめるには、縄文晩期終末以前の土器圧痕を調査しなくてはならない。私は鹿児島県から大阪府までのいくつかの遺跡を取り上げて、大学院生とともに来る日も来る日もレプリカ調査にいそしんだ。その結果、調査した土器からはまったく穀物の圧痕を見つけられずに、これまでの調査結果〔小畑二〇一九、中沢二〇一九〕を追認することになった〔設楽編二〇一九〕。

日本列島でアワとキビがイネとほぼ同時に出現するのがわかったのも、これまでにレプリカ調査に取り組んできた研究者の大きな成果である。従来の発展段階論的な縄文農耕論では、イネに先立って雑穀が栽培されていたと考えられていたが、そうではない。朝鮮半島ではアワとキビが五〇〇〇年ほど前から栽培されていたが、三〇〇〇年ほど前にそれにイネが加わって穀物組成が形成された。縄文晩期終末の紀元前一〇世紀に、それらの穀物組成が日本列島に渡来したのである（二五八〜二五九頁表参照）。

†ヒエとオオムギの問題

雑穀といえば、アワとキビとともにヒエを挙げなくてはならない。そのような雰囲気から、弥生時代の雑穀としてヒエを加えがちであるが、これには注意が必要である。

縄文早期から、現在の野生種であるイヌビエと同じくらいの大きさのヒエ属の種子があり、温暖化とともに北上する。縄文前期以降、東北地方や北海道でヒエ属の種子は大型化することから栽培化されたと考えられているが、そのプロセスや実態はよくわかっていない。

私の科研調査では、東北地方や長野県域、西日本において、弥生時代のヒエの土器圧痕はまったく検出されず、最も古いのは東北地方北部の八世紀の資料であった。弥生・古墳時代の炭化ヒエが出土したという報告もあるが、年代測定は行われておらず、イヌビエとの区別も不明である。

ムギ類では、筏《いかだ》遺跡のエンバクなど年代測定を経ていない資料を除くと、日本列島で最も古い炭化ムギ類は、弥生後期の長崎県壱岐《いき》市カラカミ遺跡のコムギである。関東地方にある弥生後期の竪穴住居跡などから、オオムギやコムギなど炭化ムギ類が出土したという報告は枚挙にいとまがないが、^{14}C年代測定で年代の確かさが追検証されたためしがない。

これまで、新聞などでは「最古の○○」といった報道ばかりが注目され、新しい時代のものとわかると「がっかり」感が強いネガティブな印象がぬぐえない。そういう意味では科研の結果の多くは「がっかり」感満載だったかもしれないが、学問研究ではそれも大事なのである。

†エビデンスを求めて

いま、新型コロナ禍でよく耳にするようになった言葉に「エビデンス」がある。主に自然科学畑で日常的に使われている「証拠」のことであるが、まさに縄文農耕論に求められたのが栽培穀物の確たるエビデンスであり、その提示に厳密性が要求されるのは、科学であれば自然科学も人文科学も問わない。

私どもの科研グループでは、考古科学の國木田大《くにきただい》と植物考古学の佐々木由香を中心として、ムギ類の年代問題解決の作業に着手した。このグループでの研究はいったん終了したが、國木田の研究は現在進行中なので、そうした資料を抱えている向きは、条件が許せば改訂を恐れずにぜひとも調査にまわしてほしい。そして、確たるエビデンスを得たいものだ。

わがことに置き換えれば、問題は中道遺跡のオオムギの圧痕である。氷《こおり》Ⅰ式という縄文晩期終末の土器だろうと考えたが、そうだとすれば日本列島最古のオオムギの資料となり、それも格段に古い。土器型式の認定に誤りがあるのだろうか。この土器に炭化物は付着していないので^{14}C年代測定はできない。再び呆然となることを覚悟してなんらかの方法で、いずれ検証したいと思っている。

†教科書の書き換え

年代測定もそうだが、考古学と自然科学の学際的な研究は重要である。花粉分析やプラント・オパール分析は、古環境の復元や水田跡の認定などに大きな役割を果たしており、農耕に関わる考古学的な問題を解決するのに有効な手段であることは疑いない。

しかし、プラント・オパールや花粉は目に見えないほど小さな物体なので、古い地層に混入するコンタミネーションはどうしても避けられない。土器の胎土中のプラント・オパールまで後世の混入と言い切るのは難しいかもしれないが、それを認めればもっとたくさん縄文晩期をさかのぼる土器のイネ籾圧痕がみつかってよいのにそれがない。

いずれにしても、プラント・オパールや花粉自体からは年代を割り出すことができないのであり、それらのデータを農耕の証拠からいったんはずす中沢の慎重な態度はみならうべきであろう。

一方、レプリカ調査にも限界はある。いくら調査を重ねても「ない」ことは証明できないからである。しかしそれは考古学全般の宿命であって、ある程度のデータが集まれば、その時点での状況を信頼して判断や結論を下していかなくてはならない。

私は、現在さる教科書の執筆を担当しているが、「縄文時代にコメやムギが栽培されていた可能性が指摘されている」といった記述を削除した。さらにそれを書き換える日がいずれやってくるかもしれないが、当面は削除しておいたほうが無難だからである。それは、ここまで述べてきたような苦い経験にもとづく判断であった。

3　縄文農耕と弥生農耕の違い

†縄文農耕の実態

かつて、弥生時代の農耕も発展段階論的にとらえられていた。つまり、水田稲作は粗放《そほう》で生産性の低い湿田での直播《じかまき》から始まって、やがて灌漑《かんがい》により半乾田での耕作という生産性の高い段階に達したと考えられていた。

ところが、福岡市板付《いたづけ》遺跡の発掘調査によって、最初期の水田は台地の縁に立地し、既に灌漑《かんがい》水利システムという高度な技術を備えた完成されたものだったことがわかり、この見方があらためられた。言葉は適切ではないかもしれないが、なかば唐突に日本列島の水田稲作は開始されたのである。

水田稲作は朝鮮半島からの技術導入であり、それに果たした渡来人の役割を大きく評価しなくてはならない。

では、縄文時代に植物栽培がなかったかといえばそんなことはない。

既に述べたように、縄文早・前期からヒョウタンやウリ、アサ、ゴボウ、エゴマなどの栽培種が利用されている。腹持ちのよい食料としては、ダイズが栽培された。ダイズは縄文中期農耕論のメッカである中部高地地方の文化を支えた食料だった可能性がある。しかし、この地におけるダイズの栽培も縄文後期には衰退していくので、縄文時代を通じた栽培植物の特徴は、嗜好品的な性格の食料を中心としていたことだといってよい。

問題は、弥生農耕では重要でないヒエを除けば、縄文時代終末にならないと穀物が出てこないことである。

縄文人の食料の基礎は植物であるが、栽培植物が嗜好品程度であったとすれば、植物質の食料の主流は自然のあるいは管理を加えた採集植物であろう。

†植物資源利用の複雑化

しかし、それをもって弥生時代の植物資源利用が縄文時代のそれよりも高度だということにはならない。そのことを、縄文時代のドングリ類の水さらしによるアク抜き工程と、弥生時代の灌漑システムを比較することで確かめてみたい。

低地に生活の場をもつ縄文時代の遺跡から、トチノキの種子をアク抜きするための水さらし場遺構の発見が相次いでいる。佐々木由香が二〇〇七年に集成したところでは五〇例ほどに達しているが、それらの遺跡は主に縄文後期以降の東日本を中心に分布する〔佐々

埼玉県赤山陣屋遺跡の水さらし場遺構（「川口市教育委員会発掘調査報告書」より）

木二〇〇七」。

　水さらし場遺構におけるトチノキの種子の加工工程を復元的に示すと、「湧水点→水路による導水→取水口での水の調整→貯水施設によるアク抜き作業→排水口での水の調整→水路による排水」である。これは水田稲作の灌漑システムである、「水路→井堰による取水調整→水田への導水と作業→井堰による排水調整→水路による排水」という工程ときわめてよく似ている。

　食料の加工と生産という違いはあるものの、水田稲作はアク抜きの技術を応用すればよいだけだから、縄文文化の食料資源利用技術が弥生文化のそれに劣っているというわけではない。そもそも採集狩猟民と稲作農耕民が有する技術のレベルを高低の差で理解すべきものではないのであり、これも発展段階論的な見方に対する警鐘といってよいだろう。

　縄文前期以降の日本列島における植物資源利用体系は、東海地方を境に東西で二分され

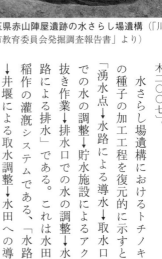

ていた。東は落葉広葉樹帯のクリ・ウルシ利用文化圏、西は照葉樹帯のイチイガシ利用文化圏である。

また縄文後期になると、寒冷化に伴う河川の下刻《げこく》作用によって安定的な低地環境が整い、東日本ではそこにトチノキ林が形成されてトチノキの利用へとつながっていく。

これまで、縄文後期を境にしてクリからトチノキへと利用が変化したと言われていたが、佐々木由香によればクリの利用は縄文後期以降も継続しているので、「植物資源利用が重層化、複合化していった」とした方がよいという〔佐々木二〇〇九〕。ウルシの利用を含めて、植物資源利用の高度化や複合化、すなわち複雑化の度合いが縄文時代を通じて西日本よりも高かったのが、縄文後期以降の東日本に水さらし場遺構が集中する理由である。

栽培植物も東日本のクリ・ウルシ利用文化圏に顕著に認められるが、技術の高度化や複雑化の東西差は生業にとどまらない。集落の規模や構造、環状列石《かんじょうれっせき》などの大規模記念物、人口の増加に伴う親族組織や祖先祭祀《さいし》の整備、人間関係の潤滑油である各種の儀礼と儀礼道具の発達など、生活舞台の隅々におよぶ複雑化は主に東日本の縄文前期以降の文化に認められる特色といってよい。世界遺産に登録された縄文時代の遺跡群が北海道・東北地方に存在しているのは、こうした意味で必然的なのである。

このような縄文文化の複雑性の東西差が、弥生文化の形成や地域色の発現に大いに関わっているのではないかと考えられる。その考察は終章に譲るが、レプリカ調査によってあきらかになった弥生農耕の地域差を、ここで整理しておこう。

†遠賀川式と長原式の穀物利用

私どものグループが行った西日本でのレプリカ調査の目的は、縄文後期・晩期前半の穀物利用の有無に関わるものだったので、これまでの状況を追認したにとどまった。それはそれで重要な作業だったが、一点興味深い成果があったので紹介する。

大阪府寝屋川市讃良《さら》郡《ぐん》条里遺跡は、近畿地方で最も古い弥生土器である遠賀《おんが》川《がわ》式土器が発掘された遺跡として知られている。遠賀川式土器は、縄文晩期終末の長原式土器と重なり合って出土した。

「遠賀川式土器」とは、福岡県の真ん中を流れる遠賀川の河床《かしょう》、正確には水巻町立屋《たてや》敷《しき》遺跡から発見された弥生前期の土器であり、伊勢湾地方にまで分布する。遠賀川式土器を指標とする文化を「遠賀川文化」と呼ぶ。また、「長原式土器」は、口や胴部に突帯《とったい》をめぐらした「突帯文《とったいもん》土器」という、この地域で最後の縄文土器である。それを指標とした文化が、「突帯文文化」である。この二者が重なりあっているのだから、まさに縄文土器から弥生土器への移り変わり、つまり弥生時代の始まりを理解する格好の資料である。

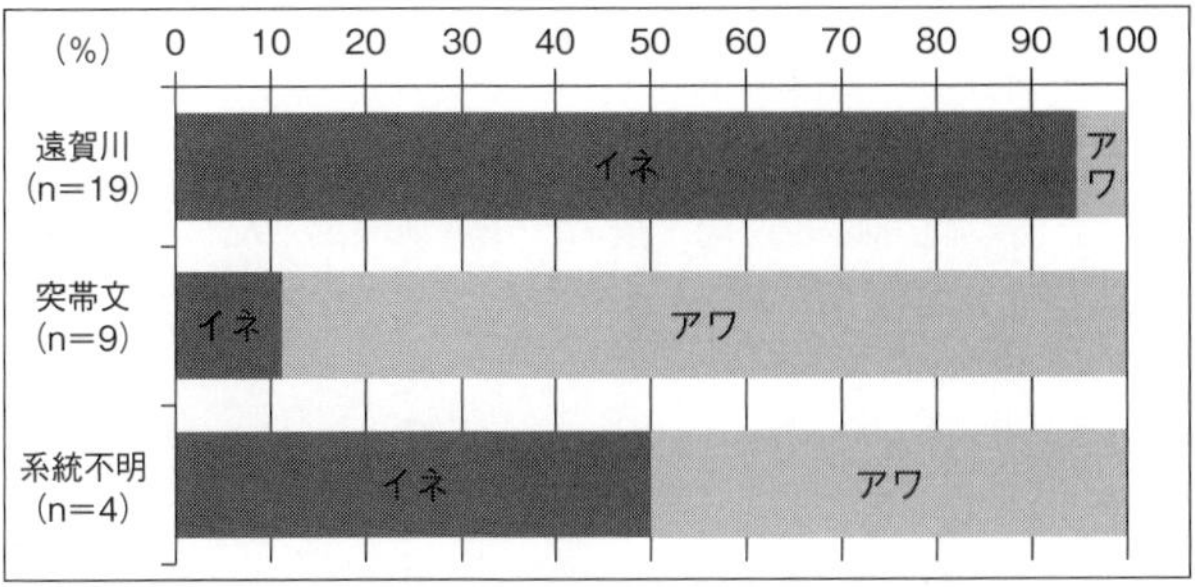

大阪府讃良郡条里遺跡出土土器の種実圧痕比率（筆者作成）

これらの土器をレプリカ調査したところ、遠賀川式土器からイネの圧痕が、突帯文土器から雑穀の圧痕が多く検出された（図）。イネも雑穀もほぼ同時に日本列島にやって来たのだから、遠賀川式土器を使っていた集団はイネを、縄文系の土器を使っていた集団は雑穀を主に栽培していた可能性が考えられる。イネは水稲《すいとう》であろう。雑穀は陸で栽培されたので、系統の異なる集団のあいだで穀物の利用状況が異なっていたことが推測できるのである。

†東日本の穀物利用

これは中部高地地方や東北地方の穀物利用を理解するうえで、とても貴重なデータである。

中沢や高瀬、遠藤英子によって長野県域を中心に縄文晩期終末の土器のレプリカ調査が進められ、主にアワとキビが栽培されていたことがわかってきた。この土器群は、突帯文土器の親戚のようなものなので、突帯文文化と同じくイネと雑穀という穀物複合のうちの雑穀が主要穀物として採用されたのだろう。まさに選択が働いたのであるが〔中沢二〇一二〕、その理由は終章で推測することにしよう。

中部高地地方の弥生前期の土器には、イネの圧痕もわずかにある。関東地方の弥生前期、神奈川県大井町中屋敷遺跡では、土坑《どこう》から三〇〇粒ほどのイネと重量換算で一〇〇〇粒ものアワが出土しているので、主体をなすのはアワ・キビの雑穀栽培であるが、谷水田のようなこぢんまりとした水田も同時に営まれていたのであろう。

中部・関東地方の雑穀を主体とした農耕は、弥生中期前半まで続く。明確な畠の跡はまだみつかっていない。しかし、縄文晩期終末以降のレプリカ調査で検出されるアワとキビの圧痕の数が大変多いことと、打製土掘具が大型化して耕作に使われた可能性があることからすれば、アワとキビはおそらく畠で栽培されていたであろう。

その一方で、青森県や岩手県、秋田県など東北地方北部にいくと、弥生前期の穀物圧痕はイネに限られるのである。青森県弘前市砂沢《すなざわ》遺跡からは弥生前期の水田跡もみつかっている。炭化米の年代測定も同じ結果を示す。

雑穀栽培より稲作の方が高度であり、水が高いところから低いところへ流れるように、農耕文化は西から東へとスムーズに伝えられたという固定観念や単純な考えではおよそ理解することのできない現象といってよい。東日本の東西でこのような穀物利用の謎の地域差がうまれた理由については、終章で述べることにしたい。

†農耕文化複合としての弥生農耕

ここまで、弥生時代の農耕の地域的な多様性に触れてきたが、そもそも縄文時代の農耕と弥生時代の農耕はどのように違うのだろうか。

縄文時代に栽培植物があったことは確実としても、ダイズの栽培を含めてその程度の栽培を「農耕」と呼ぶことに抵抗を感じる人もいるだろう。しかし、辞書で「農耕」という言葉をひくと「栽培のこと」、「栽培」をひくと「農耕のこと」とある。こうした辞書的に使い分けの困難な言葉によって縄文時代は栽培、弥生時代は農耕と区別するよりも、縄文時代の栽培も「農耕」と呼んで、弥生農耕との質的な差を問題にしたほうがよい。

では、その質的な差とは何なのか。縄文農耕では、農耕は生業のごく一部に過ぎず、生活道具の色々なものが農耕用に特化し変化しているわけではない。それに対して弥生農耕は、色々な道具や儀礼までもが農耕用に特化している。

例えば、遠賀川文化では鋤《すき》や鍬《くわ》などの木製農具があり、それをつくるための石器が木製農具の製作工程に応じて機能分化を遂げている。また、木偶《もくぐう》や鳥形木製品は農耕儀礼のための道具とされる。

要するに、文化体系のサブシステムとしての文化要素の多くが農耕に収斂しているか否かが弥生農耕と縄文農耕との違いである。そうした視点に照らして、私は弥生農耕の特徴を、「農耕文化複合」ととらえた。考古文化の概念には、もともと文化複合的な意味があるのだが、農耕文化要素の複合がみられない縄文農耕と区別するには便利だろう。

†網羅型生業と選別型生業

遠賀川文化の微高地の遺跡では、徳島市庄・蔵本遺跡や三重県松阪市筋違《すじかい》遺跡のように畠もみつかっているが、水田稲作を生業の中心に据えているようだ。選別が働いているのである。

中屋敷遺跡では、穀物に加えてトチノキの実やクリの種実も出土した。佐々木由香は、弥生時代の植物利用が縄文後・晩期の非栽培植物利用に穀物利用が加わって複合化したことを重視している〔佐々木二〇〇九〕。伝統的な自然の資源と栽培資源の両者を網羅的に利用しているのである。

弥生時代の生業に、わずかな種類の資源を集中的に開発・利用する選別型と、多くの資源を開発・利用する網羅型の二類型があることは、甲元眞之《こうもとまさゆき》が主張している〔甲元一九九二〕。甲元の見解に沿って、二者を比較しながらみていこう。

板付遺跡ではイネに特化していたことが、炭化種実や水田雑草と畠雑草の比率などから明らかにされている。大阪府和泉市・泉大津市池上曽根遺跡は遠賀川文化系の遺跡であり、栽培植物はイネ、自然の植物はヤマモモが圧倒的に多く、魚類はマダイが突出している。これらは選別型である。

一方、佐賀県唐津市菜畑遺跡ではイネに加えてアワやキビの雑穀を利用し、堅果《けんか》類もたくさんある。魚類や狩猟動物もサメやエイ、マイワシ、ボラ、ノウサギやイノシシ、ニホンジカなど多種にわたる網羅型である。

選別型と網羅型の二つの生業類型は、どこに由来するのだろうか。縄文文化の生業は基本的に網羅型である。中緯度帯に属して四季が比較的はっきりしている日本列島の縄文文化では、「縄文カレンダー」と呼ばれる年間のスケジュールの中で四季折々の食料を利用する生活が営まれた。したがって、弥生文化の網羅型生業は縄文文化に由来するのだが、大陸には選別型だけでなく網羅型生業もあるので、その影響も考える必要がある。

中国大陸の新石器文化は、長江流域の華南地方が水稲耕作とブタ飼育、淡水漁撈に特化した選別型生業体系であるのに対して、黄河流域の華北地方はアワ、キビを中心として家畜動物はブタ、イヌ、ウシなど数種類を用意し、狩猟動物も数種類に及ぶ網羅型生業体系であった。

朝鮮半島では、華北地方から伝わったアワとキビの雑穀栽培をベースにしており、水田稲作が加わってもイネとともに雑穀に大きく依存していた。畠での雑穀栽培は、輪作障害を回避するために多種の作物をレパートリーに揃えておかなくてはならず、寒冷と乾燥という地理的な条件に規定された作物の性格が、採集狩猟民に典型的な網羅型の生業体系を引き継いだ類型の農耕を形成したと甲元は指摘する〔甲元二〇〇八〕。

日本列島の農耕文化は朝鮮半島に起源があるので、中部高地地方や関東地方の網羅型生業体系は縄文色が強いと同時に朝鮮半島由来の体系を継承したとみてよいであろう。

†縄文と弥生の植物利用の違い

本章ではレプリカ調査の成果などにもとづき、農耕における縄文文化と弥生文化の違いを俯瞰した。そして、穀物栽培が縄文晩期でも終末にならないと出現しないことから、農耕文化複合の視点でその違いを説明した。また、選別型生業と網羅型生業の点から弥生農耕の多様性にも触れてきた。

遠賀川文化を例に挙げて弥生時代の農耕文化の複合性を述べたが、中部・関東地方の雑穀農耕にそれが当てはまるのか疑問に思われるかもしれない。土器の性格を検討する第9章を踏まえて終章であらためて論じるが、縄文文化に特有な網羅型植物利用が中屋敷遺跡の雑穀栽培を中心とする農耕に引き継がれている点は、ここでその意義を説明しておかなくてはならない。

民族学の福井勝義《かつよし》が提起した「遷移システム」の概念は、雑穀栽培の重要性とともにこの問題を考えるうえで有効なので、紹介しながら述べてみたい。

福井によると、採集狩猟民は長い期間の自然との接触のなかで、植物の自然の遷移とそれがもたらす効果をよく把握しており、条件が整えば一次林から二次林へという植生の遷移を人工的につくり出して有用植物の生産性を高める工夫を凝らすようになるという。例えば、生産性の低い照葉樹林などの一次植生を伐採や火入れで破壊すると、その跡にワラビやゼンマイなどが自然に繁茂し、やがてクリやクルミ、あるいはトチノキなど生産性の高い有用樹の純二次林が出来上がるという「遷移」を利用した植生へのテコ入れを行うのである。

福井は鳥浜貝塚のデータなどからこの論理を導いたのであるが、その後の青森市三内丸《さんないまる》山《やま》遺跡などにおけるクリのDNA分析や花粉分析によって、クリ畠と言ってよいほど管理の手が加えられていたことがわかり、検証された卓見であった〔福井一九八三〕。

遷移システムの応用が休閑《きゆうかん》期間を設けて輪作する焼畑《やきはた》であり、福井はこれを「遷移畑」と呼ぶ。そして、焼畑と水田稲作はシステムを異にする栽培であることから、それらが同一線上で進化したと考える佐々木高明らの見方を批判した。

雑穀栽培が始まると除草だけでなく害獣からの防御などに労力を割かなくてはならなくなり、費用対効果の悪い植物は見放されて、採集狩猟は二次的になっていく。また、雑穀栽培は播種や収穫、調理の方法など独特で様々な技術を要する点で本格的な農耕だという。

中部高地、関東地方の初期農耕が焼畑だったのか否か不明であるものの、雑穀栽培自体は縄文時代の網羅型植物利用体系の一環としての遷移システムを継承し、それに大陸からの技術が加わった本格的な農耕として位置付けられよう。

第2章　二つの漁撈と海人集団の役割

1　攻める漁撈

†燕形銛頭とはなにか

私の住む千葉県は海に囲まれて、あちこちで釣りが盛んである。ずいぶんと前になるが、海に行ったときに冷やかしで釣具屋に入って見つけたのが「燕形銛頭《つばめがたもりがしら》」だった。もっとも、商品名は「ステンレス銛」とそっけない。カタログを調べたら、「マグロ漁師御用達〝打ちこみ銛〟」とある。

「その貫通力、恐ろしきかな。まさに、チョッキかぶせ銛先の頂点。「岩貫《いわとお》し」」ともある。四代松前銛匠の作で、「現在考えられる限りの知識と技術を使って、この銛先を作りました」と自信満々だ。

この「チョッキかぶせ銛先」とはなんだろうか？　ネットによれば「チョッキ銛先は、手銛の先端に接続している押し棒（トップシャフト）と言われる丸棒に被せる形でセットして使用します。その状態でチョッキが魚を貫通すると銛先が押し棒から離脱し、チョッキ自体が大きなカエシ（カンヌキ状態）となって魚をとらえる仕組みになっています。……せっかく突いた魚をバラすことが少なく、傷も最小限で抑えることができるので大変優れています」とのこと。

チョッキ銛先の側面にあいた孔に長い引綱を絡めて手で握り、投擲《とうてき》した銛の銛先が押し棒（中柄）からはずれてもたぐりよせられる仕組みになっている。たぐられた引綱によって魚体を貫いた銛先が九〇度回転し、T字形になることで抜けにくくなるのである。

縄文時代の「燕形銛頭」とは、燕《つばめ》が木の枝などにとまっているところを横からみたような形をしているところからつけられた考古学用語である。形はチョッキ銛先そのものであり、側面ないし背腹面に引綱を止める孔があいているのも、離頭銛先の機能を果たしていたことを物語っている。

燕形銛頭は、縄文後期に三陸沿岸で発明された。鹿角製がほとんどだが、素材がチタンやステンレスになってもその形を変えることなく現代に引き継がれている。何代前の銛匠がつくったか知らないが、先史時代に考えられる限りの知識と技術を使った縄文人のこの発明は、ノーベル賞があったら受賞したに違いない。

燕形銛頭の成立

縄文時代の漁撈《ぎょろう》といっても、地域や時期によりはなはだ多様である。ここで問題にしている燕形銛頭は縄文晩期に発達するので、晩期を軸にして縄文文化の漁撈の特徴を俯瞰してみよう。縄文文化的な漁撈なるものがあるとすれば、燕形銛頭の状況からしても、晩期がその集大成だと考えられるからである。

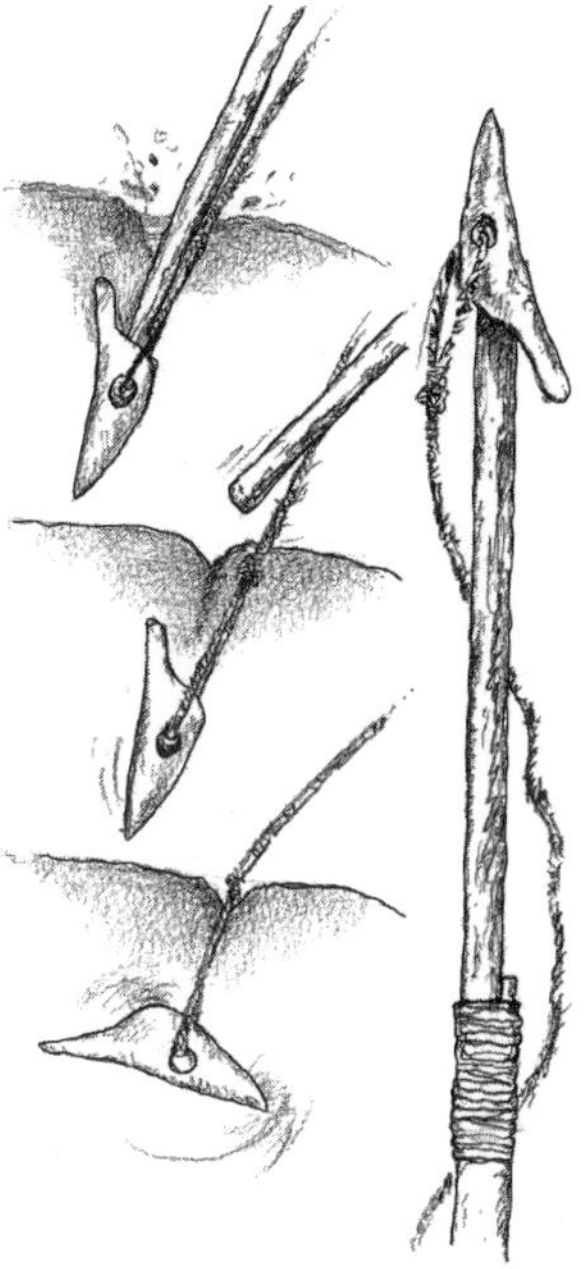

燕形銛頭の使用方法（設楽 2005a 改変）

燕形銛頭は、回転銛頭の仲間である。先述の説明は銛先が魚を貫通した場合であったが、大型の魚や海獣など体内にとどまる場合でも銛先が燕形という非対称な形であるために引っ張られると抵抗機能を発揮して回転し、チョッキ銛のように銛先と引綱がT字形あるいはそれに近い状態になって抜けにくくなる(前頁図)。

北海道では縄文早期以来、道東の遺跡からオットセイをはじめトド、イルカなどの海獣の骨が多量に出土する。それと同時にペン先形の回転銛頭が出土するようになるのは、回転銛頭がこれら大型の海獣狩猟用に開発されたことを物語っている。この単純な形の回転銛頭がやがて燕形銛頭に改良された。

縄文後期中葉に三陸海岸で発明された燕形銛頭は、当初七センチほどと小さくて華奢でありサバやイワシなどを対象にしていたようで、内陸の淡水貝塚から出土することもある。それが晩期になると一〇センチを超えるほど大型化し、器体も太くなり側面にギザギザのカエシをたくさんつけ、燕の尾に相当する部分を二股三股にするなど凝ったつくりのものへと変化する。それとともに、捕獲する魚などの種類も変化するので、それを福島県いわき市寺脇貝塚から出土した魚類・海獣類の脊椎骨の数で示してみよう。

①縄文後期中葉〜後葉:マダイ七三、ホオジロザメ九、アオザメ九、カツオ六、マグロ四
②縄文後期中葉〜晩期中葉:クロダイ・マダイ一五九、マグロ三二、アオザメ二七、ホオジロザメ二二

③晩期後葉：ホオジロザメ一一、マダイ一〇、アオザメ三、マイルカ一

縄文晩期になるとマグロやサメ類が増加することがわかる。燕形銛頭はこれら大・中型の中層〜表層遊泳魚を対象に発達したとみるのが妥当だろう〔渡辺一九六六、馬目一九六六〕。この傾向は、クジラやトド、オキゴンドウ、オットセイなどを加えた宮城県石巻市沼津貝塚の縄文晩期の出土遺物にも当てはまる。

†燕形銛頭と縄文時代の漁撈

縄文後期末葉以降増加し、大型化して威力を増した燕形銛頭の特性は、主に表・中層の大型魚類と哺乳類に用いられたことである。捕獲時に暴れまくるこれらの動物に対し、工夫を凝らして銛先の回転性を高めることによって立ち向かったのだ。

燕形銛頭の本貫《ほんがん》の地は三陸沿岸からいわき沿岸だが、そこは親潮寒流と黒潮暖流がぶつかる世界でも有数の漁場で、それが燕形銛頭の役割と発展の背景であった。丸木舟で外海に漕ぎ出して格闘する操業スタイルが浮かび上がり、荒々しさを感じさせる。

東北地方の縄文晩期の文化は「亀ヶ岡文化」としてくくられている。亀ヶ岡文化は漆工芸や土器の製作技術、あるいは土偶の精緻なつくりなどきわめて高度な生活技術に彩られ

た採集狩猟民としての高度な文化であった。それを担ったのが第6章で述べるいわゆる「複雑採集狩猟民」であり、燕形銛頭もまた複雑採集狩猟民の漁撈における技術の結晶といってよい。

縄文時代の燕形銛頭の分布の南限は千葉県銚子市余山《よやま》貝塚であるが、東北地方から南下した飛び火的分布に過ぎない。

さらに西の遠州灘や西日本各地にも縄文晩期に貝塚は形成されたが、漁撈具は釣針とヤスを基本としている。そこでの操業は、スズキやクロダイなど内湾性の魚類を中心としたもので、大型の魚類や海獣の捕獲は振わず、東北地方の漁撈活動とは大きく異なっている。しかし二〇二一年七月に報道された、サメに食われた岡山県笠岡市津雲《つくも》貝塚の縄文人は、西日本といえども海洋民的漁撈が行われていたことの一端をはしなくもうかがわせた。それは縄文的漁撈といってもよいだろう。縄文時代の漁撈は、捕獲の対象やそのための道具に地域の差はあるものの、格闘する海洋民的漁撈、つまり「攻める漁撈」という性格を少なからず帯びていたといえよう。

†弥生時代の海蝕洞穴

それでは縄文的な、すなわち海洋民的な漁撈活動は弥生時代にはどうなったのだろうか。

神奈川県三浦半島の先端にはいくつも海蝕洞穴《かいしょくどうけつ》がある。海蝕洞穴とは海岸の崖に波で浸食されてできた洞穴のことだが、そのうち毘沙門《びしゃもん》洞穴や大浦山洞穴などは、かねてから弥生中期〜後期の遺物が出土することで知られていた。

これらの洞穴遺跡から出土した遺物は、銛頭、ヤス、骨鏃、鹿角《ろっかく》製のアワビおこしなどの漁撈具、甕形《かめがた》土器を中心とした炊飯具、アワビに孔をあけた貝包丁などであり、卜骨《ぼっこつ》という占いに用いた骨も出土している。

道具のなかで注目したいのは、燕形銛頭である。これらの洞穴遺跡で最も古いのは弥生中期前葉の三浦市雨崎《あめさき》洞穴だが、先ほど述べたように、燕形銛頭は関東地方では縄文晩期の余山貝塚に知られるだけであり、間があいている。したがって、この洞穴の利用者は関東地方以外からやってきたと考えた方がよい。少なくとも燕形銛頭はどこか別の場所からもたらされたと考えざるをえない。

†海洋民的な漁撈集団

弥生時代で最も古い燕形銛頭は、仙台湾の宮城県七ヶ浜町鳳寿寺《ほうじゅじ》貝塚における弥生前期のものであり、いわき沿岸の福島県いわき市薄磯《うすいそ》貝塚からも中期前葉の燕形銛頭が出土している。これらの地域は縄文時代の回転銛頭のいわば生まれ故郷であり、燕形銛頭を残した人々は縄文時代の海洋民的な漁撈集団の末裔といってよい。

したがって、三浦半島の海蝕洞穴は東北地方から南下した人々との関わりのなかで出現した可能性があり、海洋民的な漁撈を引き継いでいると予測される。

そこで、洞穴民がどのようなものを食していたかみてみると、ネズミザメ科のサメやカツオなどの魚類の骨、イシダタミやアワビなどの貝類、ウミウなど鳥の骨が中心である。アワビは三浦半島の縄文時代には稀であるが、縄文晩期のいわき沿岸ではシカの角でつくったアワビおこしという道具を用いた素潜り漁が盛んであり、これは燕形銛頭とともに東北地方から三浦半島に南下したのであろう。

このように三浦半島の洞穴民は、燕形銛頭を用いてサメ類やカツオなど表層性の魚類を捕獲し、潜り漁で大型のアワビをせっせととるような海洋民的な漁撈にいそしんでいたことがわかる。

では、人々が営んでいたのは専業的な漁撈集団だったのだろうか。一方で、イネの籾痕がついた土器があり、イネの穂積具である石包丁とよく似た貝包丁を用い、農耕集団が始めた卜骨による占いも行っていたので、半農半漁ではないかと疑われる。そこで次に内陸の農耕集落との関係を取り上げよう。

†農耕民と漁撈民

三浦半島の先端から四〜五キロほど内陸に三浦市赤坂遺跡がある。ここは農耕集落だが竪穴住居から漁撈具の骨角器も出土している。

動物考古学の剱持輝久は、洞穴民の漁撈の中心は春から夏の農繁期であり、鳥類はウ科、アホウドリ科など冬に飛来する鳥が多いことから洞穴は通年利用され、赤坂遺跡のような農耕集落とは別の集団だと考えた〔剱持一九九六〕。回転銛頭によるサメ漁などは農耕集団が見様見真似でできるものではない。洞穴には漁撈民特有の製塩活動を示す厚い灰層もあった。貝包丁は塩をこそげとったり岩のりを採集するのに使用されたとの考えもある。卜骨《ぼっこつ》は漁撈の成果を占ったと考えればよいだろう。

ただ、気になるのは赤坂遺跡から出土した漁撈具である。

三浦半島のなかほどの逗子《ずし》市池子《いけご》遺跡は、海岸から二〜三キロメートルほど内陸にある弥生中期の遺跡である。微高地に立地した遺跡で、木製農具が多数出土した農耕集落である。

池子遺跡から出土した漁撈具には燕形銛頭が含まれている。魚骨ではサメ類やカツオが多い一方で、そこそこ出土してもよさそうなクロダイ、ヒラメなどの内湾性の魚はわずかに過ぎない。魚骨を分析した動物考古学の樋泉岳二《といずみたけじ》によれば、漁撈集団と農耕集団がそれぞれ独立した生業集団として集落で共生していて、漁撈集団は大物狙いだけが許されるような立場だったのではないかという〔樋泉二〇〇九〕。

こうした意見を念頭に置けば、赤坂遺跡にも池子遺跡のように漁撈集団が共生していた可能性がある。漁撈集団は、赤坂遺跡をベースにして洞穴に出かけて操業していたのか、それとも洞穴をねぐらにして農耕集団と交通していたのだろうか。自然人類学の米田穣《よねだみのる》による人骨の食性分析では、洞穴遺跡と内陸の遺跡で大差のない結果がでており、赤坂遺跡をベースにして洞穴に出かけていたと考えた方が理解しやすい〔杉山編二〇一八〕。これは

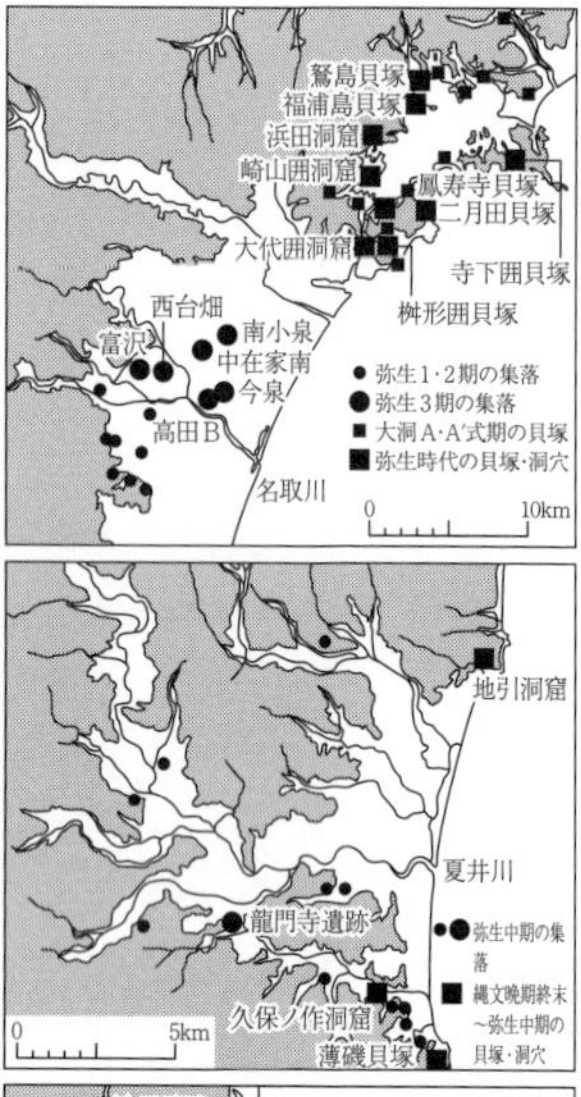

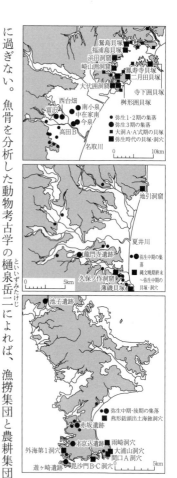

農耕集落と漁撈集落の分布地図
(上:仙台平野周辺、中:いわき市平低地周辺、下:三浦半島)

難問だが、漁撈具や捕獲した魚貝類からすれば、洞穴利用民は半農半漁などではなく、攻める漁業による漁撈専業の集団だったのは確かだろう。

このような、縄文文化を継承した漁撈集団と農耕集団の共生関係は、福島県いわき周辺の内陸に立地する農耕集落であるいわき市龍門寺遺跡と沿岸部の薄磯貝塚や久保ノ作洞窟との関係、あるいは宮城県名取川流域の仙台平野の農耕集落である仙台市高田B遺跡などとその北に位置する仙台湾の東松島市里浜貝塚寺下囲地点や塩竈《しおがま》市崎山囲洞穴などとの関係といったように、あちこちにみることができる（図）。

2 待つ漁撈

†農耕民的な漁撈

これまで縄文文化を継承した弥生時代の海洋民的漁撈活動をみてきたが、弥生文化に特有の漁撈活動はないのだろうか。

愛知県名古屋市・清須市朝日遺跡は、東海地方屈指の弥生時代の環濠《かんごう》集落である。集落を防御するためにまわりに溝をめぐらせる習慣は縄文文化にはなく、中国大陸に由来する

愛知県朝日遺跡の簗と柵（愛知県埋蔵文化財センター『朝日遺跡』報告書より）

文化である。縄文文化的な骨角器の漁撈具も出土しているが、微高地に立地した水田稲作を基盤とする農耕集落であり、水稲耕作もまた大陸に由来する。

朝日遺跡の発掘調査によって、環濠の底から簗《やな》が出土した（図）。

私の生まれ故郷、群馬県の前橋市を流れる利根川には、アユをとる簗を仕掛けた場所がいくつかあり、ほとりの東屋《あずまや》で川と簗の風景をみながら涼しく食事ができる。なかなか風情のあるものだが、簗は川の瀬をせき止めて簀《す》の子を敷き、そこに来る魚を捕獲する罠である。

朝日遺跡では、環濠の底に杭を何本か打ち込み、それを横木でおさえた柵《さく》によって水をせき止め、上流の濠底に木を組んでそれにヨシを交差させた簀を設けて魚をキャッチした。フナやドジョウ、ウナギといった淡水魚が最も多く出土し、アユの骨も出土している。

また、大阪府八尾市山賀《やまが》遺跡、福岡県春日市辻田《つじばたけ》遺跡では、筌《うけ》が出土した。筌は細長い筒状の編みカゴで、入り口部分が二重で入った魚が逃げにくくなっている。簀や筌を使った漁撈はいずれも罠漁である。根木修《ねぎおさむ》は、弥生時代の祭りのカネ、銅鐸に描かれた風景を分析して、水田に遡上して産卵する淡水魚を水路などで捕獲する様を描いたと考えた〔根木一九九一〕。水田の水路にも簀や筌などの罠が仕掛けられていた可能性は十分に考えられる。

この漁撈形態は、環濠や水田開発によって形成された内水面の環境のなかに、漁撈施設や漁場という生業活動の場そのものを取り込んだものである。民俗学では、このことを「農業のなかに漁撈が内部化された」ととらえている。水田には他の生業を取り込むブラックホール的な性格があるが〔安室一九九八〕、それと同じことが畑にもあてはまるのは次の章で述べることにしたい。

漁場が水田付近なので遠出をする必要はなく、高度な技術はいらないので農繁期でも行える。そこに専業的な漁撈民は存在せず、農耕集団が漁撈を行っていたのだろう。これが縄文的海洋民的な「攻める漁撈」とは違う「待つ漁撈」であり、農耕民的な漁撈といってよい。

†農耕民的漁撈の系譜

内水面漁撈については、中国漢代の墓石の画像石や墓の副葬品の明器《めいき》で知ることができる。魚伏せカゴという、底抜けのカゴをひっくり返して溜池や水田などにいる淡水魚をつかまえる漁撈シーンが画像石に描かれている。

山賀《やまが》遺跡の例とまったく同じといってよいほどよく似た筌が縄文晩期の新潟県新発田《しばた》市青田遺跡から出土しているので、筌などの罠や「待つ漁撈」は縄文文化を継承した技術といってよい。しかし、水田開発で形成された環境が漁場として利用されること、すなわち「漁撈の農業への内部化」は、縄文文化とは根本的に違う仕組みの漁撈と言わなくてはならない。

そうした漁法は、例えば大阪湾岸や濃尾《のうび》平野の微高地において水田稲作を推し進めた環濠集落という、大陸的な文化要素の強い集落に特に顕著に認められる。この漁法は弥生文化で自生したのかもしれないが、農耕文化複合の一要素として大陸から伝えられた可能性もあるのではないだろうか。

3 海人集団の役割

†玄界灘の漁撈集団

専業的な漁撈集団に話を戻して、弥生時代の漁撈集団が縄文時代のそれと性格を異にするようになるもう一つの側面について、玄界灘《げんかいなだ》の遺跡を中心に考えてみたい。それは交通に果たした漁撈集団の役割である。

福岡県糸島市御床松原《みとこまつばら》遺跡は、糸島半島の唐津《からつ》湾に面した弥生中期から古墳前期の砂丘上の遺跡である。釣針やヤス、アワビおこし状鉄器の他、動物の解体などに用いられたとされる鉄製刀子《とうす》、土錘《どすい》や石錘《せきすい》という網のおもりなどの漁撈具が目立つのにひきかえ、イネの穂摘み具である石包丁は圧倒的に少ない。したがって、この遺跡は漁撈集団が住む集落と考えられている。糸島半島の博多湾に面した側には、福岡市元岡・桑原遺跡や小葎《こもぐら》遺跡など同じ性格の漁村的な集落が展開している。

ここから玄界灘を突っ切って朝鮮半島にわたるには、壱岐島と対馬《つしま》を経由するルートがメインである。『魏志《ぎし》』倭人伝《わじんでん》にでてくる「一支国《いきこく》」は壱岐島、「対海国《つかいこく》」は対馬のことだとされている。一支国のある壱岐島には平野があり稲作を行っているが、まだ不十分である。対馬国に至ってはよい田がなくて、交易によって生計を立てていると書かれている。

一支国の王都が「原《はる》の辻《つじ》遺跡」である。この遺跡は平野の微高地に立地しており、大きな環濠で囲まれた大集落だった。農業生産である程度まかなっているが、人口を支えるには不十分なところを交易でカバーしていた。

原の辻遺跡からは石垣でつくった波止場が出土して、荒海を乗り越えてきた船を小舟に乗り換えて幡鉾《はたほこ》川をさかのぼって遺跡に到着した。荒海を乗り越えてきた船は、おそらく準構造船であろう。丸木舟に舷側板《げんそくばん》や波除板《なみよけいた》をセットした準構造船は、琵琶湖岸の遺跡で弥生中期に出現している。

原の辻遺跡は壱岐国の王都であることからすれば、当然純粋な漁撈集団の集落というわけではないが、波頭を超えた渡海活動を行う漁撈集団が集落に存在していたことは疑いない。こうなると漁撈に特化したイメージを与える漁撈集団というよりも、むしろ海人《かいじん》集団といったほうが適切だろう。

†海人集団の軌跡と組織力

弥生時代の海を超えた広域の交易を物語るのが、貝の腕輪である。北部九州の内陸の首長層は、南西諸島に生息するゴホウラやイモガイなど南海産の貝でできた腕輪を求めたが、その素材を調達したのが海人集団であった。内陸の首長層にとって、海人集団は威信財調達のためになくてはならない存在になっていた。

外洋の大型魚の網のおもりである九州型大型石錘は、弥生前期末に菜畑遺跡など西北部九州の唐津平野で出現し、中期に糸島平野、福岡平野といった玄界灘沿岸一帯の漁村に広がる。

日本海沿岸にも海人集団の足跡は点々と残る。結合釣り針は弥生前期〜中期に山陰地方に、九州系大型石錘は中期後半〜後期に島根県松江市西川津遺跡や鳥取県米子《よなご》市青木遺跡など山陰地方、さらに京都府京丹後市函石浜《はこいしはま》遺跡など丹後地方や若狭地方にも広がった。東日本へ鉄器などを広めるのに重要な役割を担ったのも海人集団であった。

小林青樹《せいじ》は、よく似た形の離頭銛頭や鯨骨《げいこつ》製と鹿角製のアワビオコシが、弥生中期の西北部九州から山陰地方を中心に朝鮮半島南部から伊勢湾地方に至る広い範囲に広がることを確認している〔小林青樹二〇〇九〕。これらは時期により地域により形や素材に多少の違いはあるものの、互いにつながりをもつ。

西日本一帯に渡海活動を行った海人集団のルーツは、西北部九州の縄文時代の漁撈民であった。いち早く南海産の貝輪素材を入手したのは佐賀県の松浦半島や五島列島など、弥生早期から前期後半の西北部九州の集団であったとされる〔木下一九八九〕。その集団は、西北九州型結合釣針という縄文時代以来の漁具を用いた縄文系の漁撈集団であった。

九州型大型石錘や離頭銛頭など漁撈具の連携の広がりをみると、縄文文化を基礎にしながらも弥生時代の渡海活動はより広域的、恒常的で、海人集団の間の連携も広く深くなり、組織力を強めていったことは疑いない。

これら海人の動きがまったく自律的なものだったのか否かは、農耕集団との関係をみないことにはわからない。次にこの点を考えてみよう。

†海人集団と農耕集団の関係

九州型大型石錘が広域に広がるのは、弥生中期末〜後期である。この時期には内陸の農村で厚葬墓が出現し、鉄器が多量化する。九州型石錘は内陸の農村からも出土するので、海と里との間の恒常的な交通関係が成立した時期として画期をなすとされる〔下條一九八九〕。

内陸の農耕集団と沿岸の漁撈集団との関係は、いかなるものだったのだろうか。

御床《みとこ》松原遺跡と同じような遺跡は砂丘上に点在しており、内陸にある農耕集落に魚介類を供給していたであろう。漁撈集団と農耕集団の間の関係はそればかりではなかった。

左：長崎県原の辻遺跡の船着き場の再現。右：出土した貨泉
（壱岐市立一支国博物館蔵）

糸島地域は、『魏志』倭人伝にでてくる「伊都国《いとこく》」の領域である。糸島市三雲南小路《みくもみなみしょうじ》遺跡や平原《ひらばる》遺跡などからは、漢の鏡を大量に副葬した弥生中期後半〜後期の墓が検出されており、伊都国の王墓とされる。鉄器の副葬も盛んであり、農工具にも鉄器が用いられた。

紀元前一〇八年に朝鮮半島の北部に楽浪郡《らくろうぐん》が置かれると、中国や朝鮮半島から北部九州に青銅器や鉄器といった希少財がもたらされた。一世紀に編纂された『漢書』地理志が示すように、倭人が海を渡って大陸に赴き交易や政治的な交渉を行った結果であるが、その際には当然のことながら船ででかけなければならない。

農耕集団に渡海活動は無理なので、ここで海人集団の出番となる。御床松原遺跡からは貨泉《かせん》や半両銭《はんりょうせん》といった中国の貨幣や朝鮮無文土器が出土しているのも、海人集団と大陸との交流を物語っている。原の辻遺跡の波止場の付近には貨泉などが集中しており、積み荷を降ろす際にこぼれ落ちたとされる（図）。遺跡から出土した土器には糸島地域でつくられたきれいな細頸《ほそくび》の壺と楽浪郡の漢式系の土器や朝鮮半島系の土器が出土し、彼我《ひが》の交流の媒介をしていたことがよくわかる。

†従属する漁撈集団

御床松原遺跡や原の辻遺跡からは墓も検出されているが、多量の副葬品をもつ墓はない。伊都国に中国の文物を多量に納めた王墓があることからすれば、中国などとの交渉の主体は内陸の農耕集団であったと考えられる。内陸の農耕集団が優位な立場に立って海洋の交通手段を掌握し、大陸との交易によって得た漁具などの鉄器を漁撈集団に分配していたのであり、漁撈集団は農耕集団に従属していたのであろう。

弥生後期の広形銅矛《ひろがたどうほこ》が最も多く分布するのは、「奴国《なこく》」の領域である春日丘陵《かすがきゅうりょう》の春日市須玖《すぐ》遺跡群と対馬である。銅矛をはじめとする鋳型が最も多く出土するのは須玖遺跡群である。糸島から博多湾沿岸諸国のいわゆる王墓の出土品はそれら諸国の台頭と優劣関係を物語る。その優劣関係は対外物の独占的な保有の力関係によって示されており、それをなし得たのは交通手段、すなわち航海者集団を掌握していたからに他ならなかった。

農耕集団は、漢帝国との間に冊封《さくほう》関係を結ぶことによって、東アジアの政治的な枠組みの中に参入していく。組織化された漁撈集団は、農耕集団の政治的な外交組織に取り込まれていった。農耕民と漁撈民の階層序列は、何かにつけて内部化することに長けていた農耕集団の積極的な働きかけが生み出したものであろう。

とはいえ、鳥取市青谷上寺地《あおやかみじち》遺跡のように漁撈活動にウェイトを置いた集落が様々な鉄製品や外来系の物資を保有した有力な集団になっていることも見逃すわけにはいかない。渡海活動が、漁撈集団を政治的な組織に変える力をもっていたことを示している。

†縄文vs.弥生の漁撈

本章では、縄文文化と弥生文化の漁撈を比較しながらみてきた。特に燕形銛頭に注目して、縄文文化的な漁撈活動が、弥生時代の海蝕洞穴の漁撈民に引き継がれたことを示した。海蝕洞穴民が内陸の農耕集落に寄留していたのか、あるいは独立した専業集団であったかは不明なものの、前者は証拠があり、民俗学で明らかにされている水田稲作のもつ他の生業を取り込んでいくブラックホール的な性格が弥生文化でも発揮されたことがわかる。

その性格を強めているのが、農耕民独自の内水面漁撈である。縄文的漁撈が「攻める漁撈」であるとすれば、こちらは罠による「待つ漁撈」である。この漁撈形態は縄文文化の伝統でもあるが、大陸から導入された可能性も指摘した。

漁撈活動に付随して生じた弥生文化特有の漁撈民の活動は、大陸との間の外洋あるいは長距離航路における物資の輸送である。鉄や鏡など大陸産の生活必需品や威信財を求めた内陸の農耕集団の要請に対して漁撈民が海人集団としての能力を発揮し、それを自らの政治的な力へと転化させたのだ。

それが古代にも引き継がれたことは、『古事記』や『日本書紀』の記録からわかる。例えば淡路島にいたとされる野島の海人が騒ぎを起こした話や、海人集団の長である安曇《あずみの》連濱子《むらじはまこ》が仲津《なかつ》皇子《みこ》と結託して謀反《むほん》を起こすような記事が散見されるのである。

縄文時代にも、例えばヒスイや黒曜石の運搬に海路を利用した長距離輸送が行われた。したがって、丸木舟による航海技術は縄文文化から受け継がれている可能性は高い。しかし、丸木舟が進化した準構造船による本格的な外洋航海と、なによりも農耕集団の求めに応じて大陸との交通が活発になったことが、弥生文化の漁撈集団変貌の大きな理由である。つまり、ここにも農耕の内部化作用が働いているのである。

第3章　山と里の狩猟民

1　里での狩猟

†狩猟民へのアプローチ

第2章では、弥生文化の漁撈集団の性格を縄文文化のそれと比較して、漁撈集団が農耕集団に内部化されたこと、漁撈集団が大陸間の交通に能力を発揮したこと、の二点を指摘した。そうした縄文時代と弥生時代の違いは、狩猟においても当てはまるのだろうか。

本章では、まず平野や台地、つまり「里」における狩猟活動を、農耕の内部化という視点から分析する。次に山岳の洞窟遺跡で発掘された弥生時代の出土遺物を分析し、里との関係を確かめる。そして最後に狩猟民と農耕集団との政治的な関係性は、漁撈民とどのように違っていたのか、考えてみたい。

海人集団が渡海活動をすることで農耕集団と共存していたという関係は、大陸との交通を媒介として政治的な経済活動に重きを置くように変化していた。そのような動きが狩猟民にも認められるだろうか。

前章で水田およびそれに付随する施設が漁撈の場を取り込んでいることをみてきた。同じような現象が、狩猟にも当てはまる節があるので、まずはそれを述べることにしよう。

†石鍬の大型化と石鏃の小型化

第1章で、中部高地地方や関東地方の初期農耕では雑穀栽培が行われており、雑穀が畠で栽培されていた可能性があると考えた。

群馬県西南部は北に榛名《はるな》山《さん》、西に妙義山《みょうぎさん》などを控えた山がちな地形である。安中《あんなか》市は甘《かん》楽《ら》の谷と呼ばれる平地と河岸段丘の台地からなるが、台地の上には浅間《あさま》山《やま》や榛名山などの噴火による火山灰が流れずに堆積しており、水はけはよいが養分に乏しい。現在、台地ではコンニャクやキビ、ヒエなどをつくっている。

台地に立地する中野《なかの》谷《や》原《はら》遺跡は、この段丘上に立地する弥生中期前半の集落遺跡である。この遺跡から出土した石器で最も特徴的なのは、大型の打製土掘具である。石鍬《いしぐわ》と呼ばれ

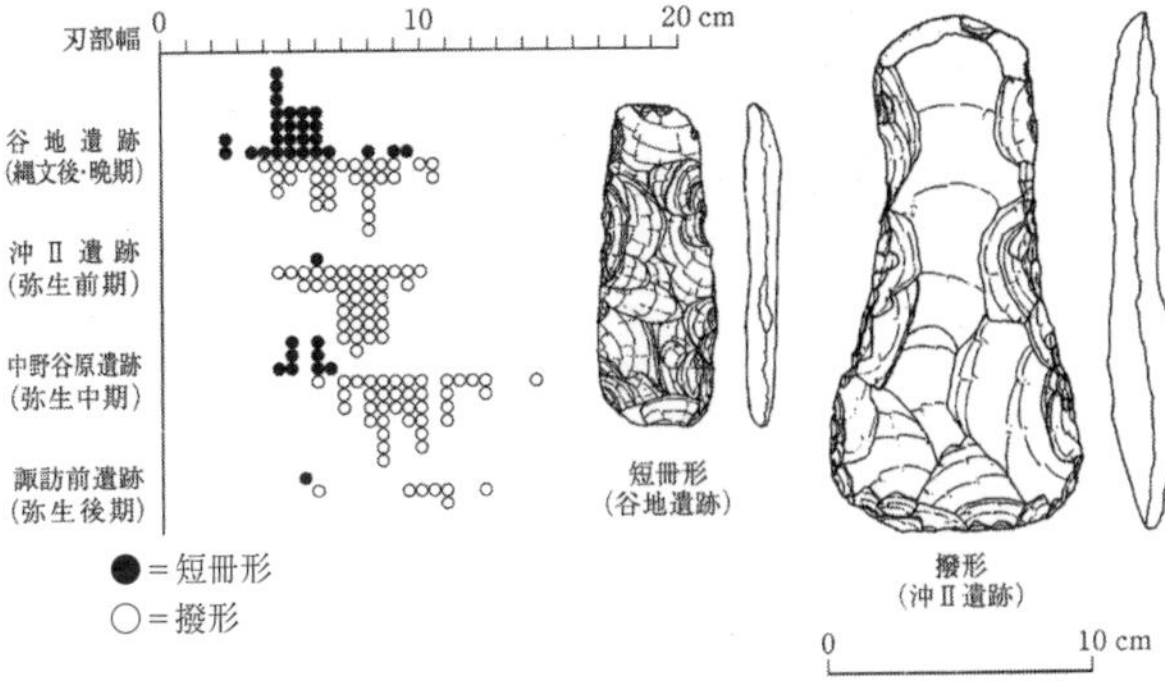

打製土掘具の変化（設楽 2005 より）

る土掘具であり、刃の幅が広くつくられた撥形《ばちがた》や西洋梨形のものが多く、縄文後・晩期の打製土掘具よりも明らかに大型化している（図）。「横刃《よこば》形《がた》石器」という貝殻状の剝片《はくへん》には、イネ科の植物を摘む際につく特有の傷あとが観察された。

この遺跡の出土土器をレプリカ調査した結果、アワ・キビの圧痕が多数検出された。石鍬はこの時期に農具に変化を遂げており、畠の畝立《うねた》てなどに用いられたのであろう。収穫具は、これも縄文文化の系譜を引いた横刃形石器を用いたのであろう。雑穀をメインにして縄文系の石器を農具に変えた文化は、土器などの系統から東海地方西部に由来するとみてよいだろう。

問題にしたいのは、一緒に見つかった石鏃《せきぞく》である。ほとんどが、三センチ以下と小型である。長野県中川村苅谷《かりや》原《はら》遺跡も伊那《いな》谷《だに》の段丘上にある同じような立地の弥生前期の遺跡で、出土した石鏃は中野谷原遺跡のものよりもさらに小型で、大半が一〜二センチと小さい。この時期は既にアワ・キビが普及しているので、遺跡の付近は森を開いて畠がつくられていた可能性がある。

これに対して、群馬県藤岡市谷地《やち》遺跡の縄文後・晩期の石鏃は長さ一〜六センチに及び、三センチ以上のものも多い。

†大きな罠と小さな罠

畠作と石鏃の小型化を結びつけたいのは、次のような研究があるからである。

人類考古学の西谷大《にしたにまさる》は、中国南部の海南島に住むリー族の民族調査を行って、農耕に伴う狩猟活動を観察した。焼畑農耕民であるリー族は、藪《やぶ》を開墾して作物を植えるが、それを目当てにネズミや鳥などの小動物がやってくる。そこに目をつけて、弾弓《だんきゅう》で鳥を追いはらうと同時に石つぶてでとり、あるいは畑に罠《わな》を仕掛けてネズミなどを捕獲する。結構なタンパク源になっているという。西谷は、パチンコのような弓や仕掛けた罠を「小さな罠」、畑自体を「大きな罠」と呼んだ〔西谷二〇〇三〕。

農耕を目的として人為的に改変した空間が二次的に利用されるのは、漁撈だけでなく狩猟にも当てはまるのであり、こうした農耕の内部化は東アジアの農耕民の間に特有の現象だという。

以前、アメリカのカリフォルニアを旅行した際に、博物館でネイティブ・アメリカンの用いていた狩猟具が展示されているのを見たが、目を引いたのが小さな石鏃で、鳥を獲るのに使われたと解説に書いてあったことが思い起こされる。

石鏃にしても石鍬にしても、縄文系の道具に改変を加えて農耕やそれに付随する生業へと組み替えていくシステムを農耕文化複合の視点からとらえ直してみるのは面白いとの思いつきである。石鏃の用途はわずか二つの遺跡の事例でどこまで普遍化できるか疑問であり、まだ仮説に過ぎないが、さらに事例を分析して検証を重ねたい。

2 山人論と狩猟民

✝ミネルヴァ論争とはなにか

弥生時代以降の狩猟民が、農耕民や政治的な勢力とどのような関係があると考えられてきたのか、少し古い論争を引き合いに出してたどることにしよう。

一九三六（昭和一一）年のミネルヴァ論争は、古代史の喜田貞吉《きたさだきち》と先史考古学の山内清男との間でかわされたが、雑誌『ミネルヴァ』上での論争なのでこう呼ばれる。

喜田の主張は、日本列島の北縁では「縄文式石器時代」が一部では鎌倉時代まで続き、「日本文化」によって侵略されるとともに、現地人はこれと長年にわたり「雑居」して日本文化の文物を手に入れたというものである。雑居とは、混じり合って住むことである。喜田は考古学的な事象に対する自らの理解を「常識考古学」という字句で表現した。

山内が反論に用いたのは、縄文土器の編年である。山内は縄文土器型式を全国的に細かく設定して、その東西の対比を徹底的に検証した。その結果、山内は縄文土器から弥生土器への変化のタイムラグは九州と東北地方の間でわずか二～三型式、時間にすれば二〇〇～三〇〇年程度に過ぎず、とても鎌倉時代まで存続することはあり得ないと雑居を否定して、喜田に反駁したのである。

喜田の考え方が、蝦夷《えみし》などを遅れた文化の人々としてとらえてその皇化に浴する必然性を説く記紀の記述、すなわち「常識」と調和した結論であったのに対して、山内はそれを「胡散臭い」という当時としては危ない表現で退けたところに問題の本質がある。それがミネルヴァ論争の意義として、今日高く評価されている点である。

†柳田國男とミネルヴァ論争

民俗学の柳田國男《やなぎたくにお》が一九〇九（明治四二）年に書いた「天狗の話」は、天狗を先住民である山人《さんじん》とみなして、昔の人の生活の情報を得るために、天狗の伝承を問題にするという内容である。

「深山には神武東征の以前から住んでいた蛮民が、我々のために排斥せられ窮追せられて漸《ようや》くのことで遁《に》げ籠り、新来の文明民に対しいふべからざる畏怖と憎悪とを抱いて一切の交通を絶って居る者がだいぶ居るらしいのである。（中略）奥羽六県は少なくも頼朝の時代までは立派な生蛮地であった」（傍点筆者）と、ミネルヴァ論争との関わりにおいてもきわめて注目される指摘をしている。

明治四〇年頃は、日韓併合に向けてその正当性をめぐり日本民族論が盛んに議論されていた。喜田は「土蜘蛛《つちぐも》種族論」を著し、国史学の久米邦武も柳田と同じような考えを示していたが、それらがいわゆる常識考古学の正体なのかもしれない。

ミネルヴァ論争における喜田の考察は、柳田の山人論をテキストにしていた可能性があるかもしれず、少なくとも喜田は柳田の学説に深く傾倒していたことは疑いない。柳田は、ミネルヴァ論争の陰の立役者といってよい〔設楽ほか編二〇一六〕。

†山人論の今日的意義

一方で柳田は、一九三七（昭和一二）年に「山立《やまだち》と山伏《やまぶし》」のなかで、山人論に代表されるいわゆる複合民族論を遠ざけて、稲作民としての単一民族論を基調に日本人を描くようになった。なぜそのような転換が図られたのかはよくわかっていないが、柳田が山人論を封印して複合民族論から単一民族論へと転換したことを、異人や漂泊者という歴史のなかに隠蔽されてきた存在を復権させる可能性を放棄したとして、多くの民俗学者は残念なことととらえている。

ミネルヴァ論争において、山内は鎌倉時代にまで及ぶような長期にわたる縄文文化の継続は否定したが、弥生文化形成までの「土器二～三型式」の併存期間における両文化の関係や、弥生文化に残る縄文系文化の問題にまで踏み込んだ発言はあまりしていない。山と里の関係は、この論争を超えて考古学からも深めなくてはならない課題である。

次にそれを、洞窟の狩猟民の行動から探ってみよう。

3 洞窟の狩猟民

†奥山の洞窟遺跡

弥生時代には標高の高い奥山の洞窟利用が行われており、洞窟遺跡から出土した遺物を分析することで奥山の狩猟活動に接近することが期待できる。

長野県高山村湯倉《ゆぐら》洞窟は、長野県北部に連なる二〇〇〇メートル級の山岳の一つである破風《はふう》岳の足元に開口した洞窟だ〔高山村教育委員会ほか編二〇〇一〕。洞窟の標高はおよそ一五〇〇メートルのまさに奥山といってよい。

数次にわたる調査で、縄文草創期、早期、前期、後期、晩期の遺物包含層に加えて、弥生時代、古墳時代とそれ以降の遺物包含層が発掘された。

弥生土器は、前期から後期まで出土している。通常、麓の農耕集落では壺形《つぼがた》土器が二〜五割ほどを占めるが、甕形《かめがた》土器を中心としているようである。

弥生時代の石器は全部で四四三点であり、その内訳は石鏃三四七点に対して打製石斧七点、磨製石斧一点と圧倒的に石鏃が多く、石斧が少ない。この傾向は下層の縄文後期・晩期の石器組成と変わらず、狩猟民の石器組成をよく表している。

†洞窟を基地にした狩猟民

狩猟動物はニホンジカが多く、ツキノワグマ、サル、カモシカが含まれており、イノシシは最も少ない。弥生時代にニホンジカはイノシシの三倍にもなるくらい捕獲量が増え、その傾向は古墳時代にまで続く。また、イノシシ、ニホンジカの胎児、あるいは新生児骨が多数出土したのも大きな特徴である。

これらの獣骨を分析した動物考古学の金子浩昌《ひろまさ》は、獣の処理の仕方は縄文時代と弥生時代で変わらないこと、シカの胎児や新生児骨がみつかった場合の狩猟は柔軟な毛皮を目的としている可能性があること、狩猟のシーズンは雪が積もる前の秋口と子どもが生まれて間もなくの五〜六月と考えられることを指摘した。そして、かつてのマタギ集団のような狩猟を目的とする集団を彷彿とさせ、毛皮を交易品として平野部へもたらす代わりに日常生活具や狩猟具を手に入れていたと考えた〔高山村教育委員会ほか編二〇〇一〕。

土器は農耕集落のものと変わらないので、農耕民から手に入れたのであろう。煮沸具《しゃふつ》である甕形土器の数はそこそこあるので短時間のキャンプというよりも定着的だが、洞窟内から炉跡《ろあと》は検出されておらずに埋葬もないので通年にわたり居住した住まいではなく、季節的な基地と考えられる。狩猟シーズンになると洞窟に長逗留していたのであろう。

狩猟民と農耕民

湯倉洞窟のハンターは、シーズンオフには池子遺跡の漁撈集団のように農耕集団と共住していたのか、あるいは里と山との中間に独自にムラをつくっていたのか、または山中を漂泊していたかはわからない。しかし、洞窟から出土した遺物に、農耕民との関わりをうかがわせる資料があるので、そこから共生関係を推測してみよう。
湯倉洞窟から発掘された弥生時代の獣骨の特徴は、ニホンジカが多く捕獲されていたことである。肉もさることながら、鹿角は縄文時代から道具の素材として大いに利用されたが、湯倉洞窟では加工品以外の鹿角はほとんど発掘されず、したがってそれらは洞窟の外に持ち出していたとされている。

注目したいのは、角座《かくざ》に近い枝角《えだづの》を一つだけ残して幹角《かんかく》を切断し、Y字形に仕上げた道具の未成品と失敗品である（次頁図）。東日本の弥生中期後半〜後期の鉄剣には鹿角Y字式《ろっかくわいじしき》把《は》と呼ばれる鹿角製の柄が取り付けられるのが特徴であり、群馬県域から静岡市登呂《とろ》遺跡など東海地方に広がりをみせる。

群馬県高崎市新保田中村前《しんぼたなかむらまえ》遺跡は自然堤防状の微高地に立地する弥生後期の農耕集落であるが、流路のなかから骨角製品や獣骨が出土した。そのなかにY字式把が含まれている。さらにシカの中手骨または中足骨を割ったヘラ状の加工品や尺骨製のヘラ状骨器もみられるが、これらは湯倉洞窟からも出土している〔金子一九八三〕。いずれも縄文時代の包含層には認められないのがミソである。

新保田中村前遺跡の鹿角製品などが直接湯倉洞窟からもたらされたものかどうかわからないが、弥生時代にシカの角の需要が胎児などの毛皮の需要とともに高まったことは確か

鉄剣およびY字式把とその未成品（1. 神奈川県王子ノ台遺跡〔戸羽 2018 より〕、2. 群馬県新保田中村前遺跡〔群馬県埋蔵文化財調査事業団編 1994 より〕、3. 長野県湯倉洞窟遺跡〔高山村教育委員会ほか編 2001 より〕）

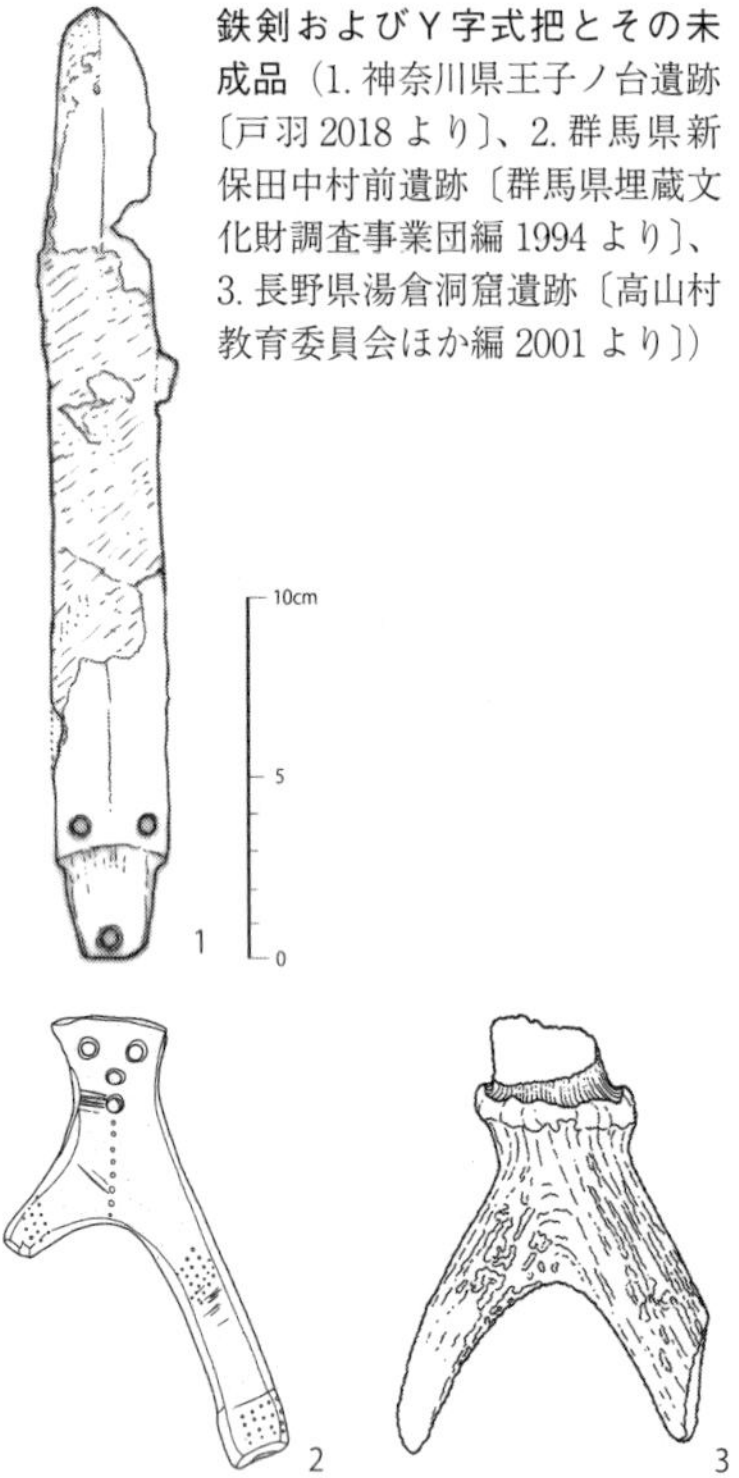

であり、農耕集落の需要に応えるという目的があったのであろう。

海・里・山の集団の関係

群馬県渋川市有馬遺跡では、弥生後期の墓から鉄剣が多数出土した。弥生後期の一世紀になると丹後地方に鉄器を副葬した墳丘墓が現れ、後期半ばの二世紀に鉄器の副葬は増加した。長野県木島平村根塚遺跡から出土した鉄剣は、朝鮮半島南部の伽耶《かや》地方からもたらされた、あるいはその影響を受けてつくられたとされている。

これは、北部九州や朝鮮半島と東日本を結ぶ交易や交通のルートが、日本海を通じて切り開かれた結果であり、有馬遺跡の鉄剣もこうした動きのなかでもたらされた。

前章で海上交通に果たした海人集団の役割に触れた。安曇《あずみ》といった地名が内陸にも残されていることからすれば、物資運搬を担う海人集団が河川を通じて内陸に入り込んだ可能性もあるが、そうでないとしても、海と里と山をつなぐそれぞれの生業集団の三位一体の相互依存関係が、遅くとも弥生後期に成立していたことがわかる。

民俗学において、山の神としてエビスという海の神が祀《まつ》られていたり、山の神がオコゼという海の魚を懐に入れて大事にしているのを海と山の交渉の軌跡としていることが思い起こされる。

では、狩猟民は海人集団のように政治的な勢力になっていったのだろうか。弥生時代に狩猟民の大きな集落があったとは聞かないし、古代の山人に海人のような政治的に派手な動向はうかがえない。海人が渡海活動をテコにして農耕民とのパイプを築いて勢力を拡張したのに対して、山と山の間の交通は海のようにいかなかったのが山人であった。海・里・山の三位一体の関係のなかで、政治的な立ち位置に変化が見られるのは、海人と山人の各々の交通関係に起因するのであろう。

Ⅱ　ライフヒストリーと社会

第4章 通過儀礼の変容——耳飾り・抜歯・イレズミ

1 耳飾りの役割

†通過儀礼の研究を通じて

この章より社会問題を扱うが、耳飾りと抜歯とイレズミを取り上げる。いずれも身体に加工を加えた痛みを伴う通過儀礼である。特に抜歯とイレズミは、追加施術があるから強烈な痛みは一度ではすまなかった。

縄文晩期の三河地方などでは、成人のほぼ全員が抜歯をしている。つまり、社会の掟として必要だったのである。なぜ、かくも過酷な試練が必要だったのだろうか。その社会的な意義を、通過儀礼に対する文化人類学的な解釈を参考にしながら考えてみたい。

耳飾りを付け替えることによって耳たぶの孔を大きくする風習は、縄文時代のうちに終了した。それに対して抜歯とイレズミは弥生時代に引き継がれている。その違いはなぜ生じたのだろうか。また、弥生時代には、縄文時代の抜歯とイレズミの性格までもが引き継がれたのだろうか。

†縄文耳飾りの研究

縄文時代には耳たぶに孔をあけ、焼き物の耳飾りをつける風習があった。孔を大きくしながら大きな耳飾りに付け替えて、挙句の果てには直径一〇センチにおよぶ耳飾りをつけた。信じがたいようなファッションだが、その意味を考える前に、一口に耳飾りといっても時期や地域に応じて複雑なので、少し整理しておこう。

縄文時代の耳飾りには二種類あり、一つは切れ目のついたもので、もう一つは切れ目のない環状品である。

前者は中国の玉器である玦《けつ》の形をしているので、「玦状耳飾り」という名前がついている。環状の他に三角形や四角形などがある。骨や焼き物もあるが、石製品が多い。後者は魚の椎骨《ついこつ》製や木製もあるが、焼き物の土製が多い。「耳栓《じせん》」や「滑車《かっしゃ》形耳飾り」と呼ばれるが、耳たぶなどの耳介《じかい》に孔をあけて装着する耳飾りなので、耳孔を塞ぐ栓とまぎらわしい「耳栓」という用語は使わない方がよい。

縄文早期の終わり頃に出現した玦状耳飾りは前期に盛んになるが、中期に衰退してその座を土製耳飾りに譲った。中部高地地方などには玦状耳飾りによく似た特徴をもつ滑車形の土製耳飾りがあるので、土製耳飾りは玦状耳飾りから生まれたというのが有力な説である。


そもそも、こうした土製品がいかにして耳飾りだとわかったのだろうか。

日本人類学と考古学の開祖、坪井正五郎《つぼいしょうごろう》は明治時代に千葉県銚子市余山《よやま》貝塚から出土した土偶の耳の装飾と土製品の装飾が一致したため、土製品を耳飾りと判断した。また、大正時代になり、大阪府藤井寺市国府《こう》遺跡が発掘調査され、土製品が人骨の耳のあたりで出土したことから、耳飾りと決着した。

長野市宮崎遺跡の石棺墓から出土した人骨の耳の付近から直径およそ五センチ、重さ八〇グラムほどの滑車形の土製品が出土して、こんな大きなものまで耳飾りであることが判明したのである。

†様々な文様と形

土製耳飾りには、様々な文様と形がある。といっても、好き勝手な文様をつけて違う形を楽しんでいたわけではなく、ある決まりにもとづいていた。その決まりが何によるのかを理解するには、文様と形態のバリエーションをつかんでおかなくてはならない。

私は幼い頃に群馬県前橋市西新井遺跡で縄文後期・晩期の遺物をたくさん採集したが、そのなかに土製耳飾りが一〇〇個近くある。縄文後期終末から晩期になると土製耳飾りが一〇〇個以上出土する遺跡が、中部高地地方と北関東地方を中核としてその周辺に現れる。日本一耳飾りの出土数の多いのは長野県松本市エリ穴遺跡であり、二五〇〇個以上も出土した。

西新井遺跡の土製耳飾りの形は、充実した臼形と単純な環状の素環《そかん》、さらにその素環にブリッジやテラス状の張り出しのついた凝ったつくりのものがある。文様は無文と有文に分けられ、有文では渦巻文や同心円文、沈線文《ちんせんもん》や突起、念入りな透かし彫り文様など多彩である。

当然のことながら渦巻文は臼形だけの文様であることなど、文様と形には組み合わせの規則性があり、それによって様々なタイプに分けられる。かつて私が採集した西新井遺跡の耳飾りにも、一〇タイプほどの種類がある。

†部族表示として

耳飾りに様々なタイプがあることは何を意味しているのだろうか。西新井遺跡で耳飾りが流行ったのは二〇〇年間ほどだろうから、時の流れに応じて形や文様が変化したということが考えられる。しかし、色々なタイプの耳飾りが一緒に出土する単一な時期の遺跡も多いので、それればかりではない。

西新井遺跡の耳飾りにみられた特徴をよその地域の耳飾りと比較したところ、埼玉県域や栃木県域など近隣はもちろん静岡県域東部から長野県域にかけての耳飾りともよく似たタイプが多く、千葉県域や茨城県域の利根川流域と多少のつながりはあるが、東京湾岸の房総地方にいくと関係は薄くなることがわかった。

土製耳飾りの共通したタイプが広がる範囲は一～三県程度であるが、これは土器のタイプすなわち土器型式と同じくらいの範囲である。谷口康浩は土器型式の差は部族の差を表しているのではないかとしているが〔谷口二〇一九〕、それを認めれば耳飾りのタイプは部族ごとに異なっているとみてよい。ケニアのバリンゴ地域の耳飾りを分析したイギリスのイアン・ホッダーが、部族によって耳飾りのタイプが異なっていると観察したのも参考になる〔Hodder 2009〕。

さらに、樋口昇一はエリ穴遺跡の耳飾りを分析して、この遺跡は地域の中核になる遺跡であり、近隣から人々が集まって祭りを行い、その祭りが終了すると耳飾りを廃棄した結果だとした〔樋口一九九八〕。私は西新井遺跡の耳飾りに新潟県域によくあるタイプのものが混じっており、地元の耳飾りと粘土の素地の質が違っていることに気づいたが、新潟県域から耳飾りをつけてやってきた人が祭りに参加した置き土産だったのかもしれない。

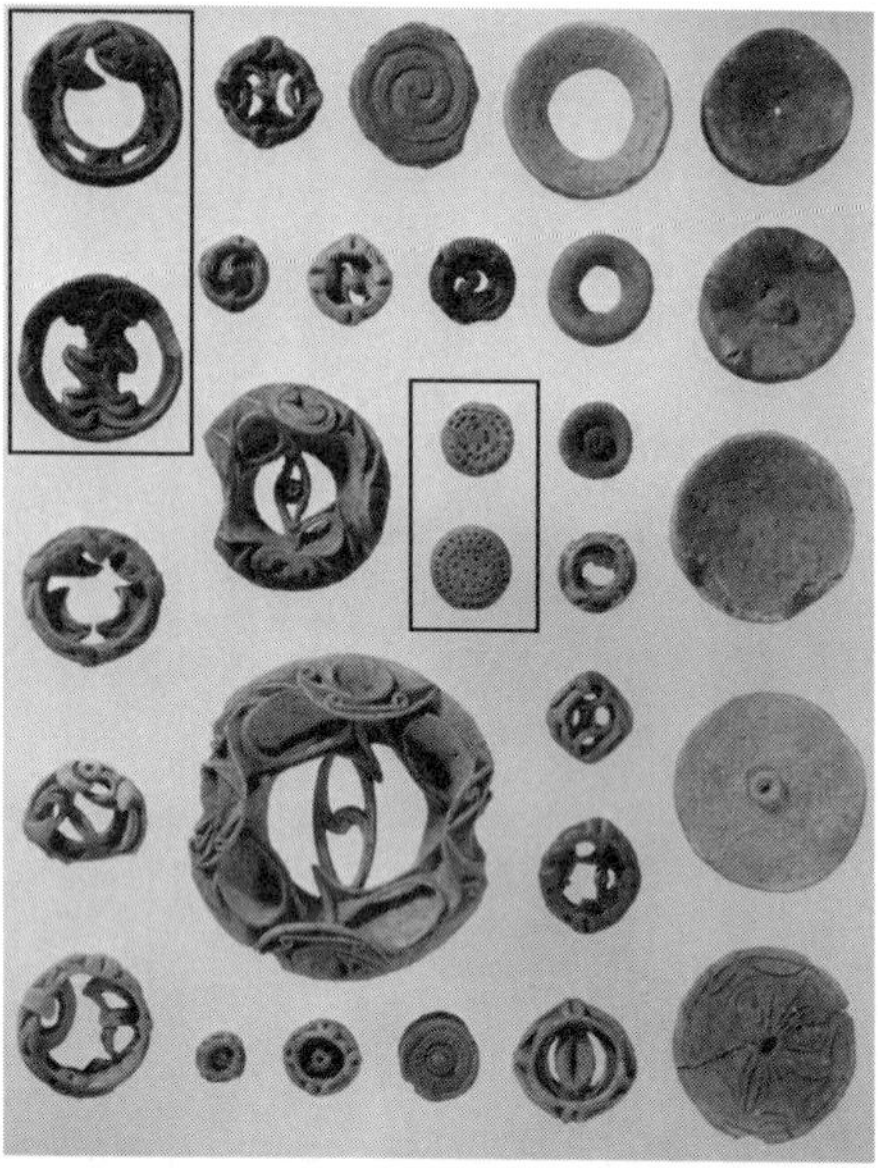
群馬県千網谷戸遺跡の土製耳飾り。枠線内は中部高地の系統。他は地元のものだが、数タイプある。（文化庁所蔵、町田章編 1979 より）

†出自表示とステイタスシンボルとして

耳飾りのタイプの違いが示しているのは、必ずしも部族の違いばかりではないだろう。地元の耳飾りにもいくつかのタイプがあるからである（図）。

縄文時代は前期以降、特に東日本で人口が増えて集落が大きくなり環状集落が出現する。環状集落は複数の竪穴住居で成り立っているが、住居は漫然と広がるわけではなく、二つないしいくつかのグループに分かれている場合が多い。

竪穴住居を建て替える場合は空いている空間があってもわざと古い住居に重なるようにして建て直す。これは血縁などの親族としてのつながりを重視した結果であり、住居のグループも家系のようなまとまりと考えてよい。それは氏族といってよいかもしれない。共通の祖先をもつと意識した親族の集団を文化人類学では「氏族」というが、耳飾りのタイプは氏族といった出自の表示だったのではないだろうか。

また、文様のないものから凝ったつくりのものまで精粗の違いもある。耳飾りが発達するような地域の縄文社会はまったく平等だったわけではなく、一種のステイタスシンボルとして耳飾りが働いていた可能性がある。このことは、第6章で再び取り上げることにしよう。

†通過儀礼として

直径一〇センチの耳飾りをいきなりはめるわけにはいかないので、徐々に大きな耳飾りに付け替えていった。西新井遺跡で最も小さな土製耳飾りは直径一センチ弱であるが、それでも耳たぶにあけた孔に初めて入れるには大き過ぎる。おそらく骨針のような尖った道具で耳たぶに孔をあけて木の枝でもさして徐々に孔を広げていったのだろう。土製耳飾りに替えるときは、晴れがましい機会であったに違いない。

直径が一〇センチに及ぶような耳飾りにしていくまでに、どのような過程を経ていたのだろうか。大塚和義は、耳飾りが多量に出土したいくつかの遺跡で耳飾りの直径を測りグラフに落としたところ、いずれも小さなものから大きなものまで、数の分布に五〜六個ほどの山ができていることに気づいた〔大塚一九八八〕。つまり、付け始めから付け終わりまで、一生のなかで四〜五回ほどの付け替えがあったのである。

縄文晩期に埼玉県の大宮台地を中心として透かし彫りのみごとな耳飾りが流行るが、大きさはそれほど大きなものではなく、結婚の準備が整った人の耳を飾ったと思われる。華やかな装飾の耳飾りは直径五センチくらいまでで、巨大なものは簡素である。働き盛りの者がきらびやかなものを身につけるという年齢に応じた装身があったものと思われる。

耳たぶに孔をあけるのは痛みを伴う行為なので、一定の年齢に達したときに行う通過儀礼といってよい。一度孔をあければあとはさしたる痛みもなく孔は広げられていくが、年齢の上昇に応じた数回の付け替えということからすれば、耳飾り全般にやはり一種の通過儀礼的な役割があったといえよう。

†弥生時代の耳飾り

弥生時代に土製耳飾りはない。管玉《くだたま》が人骨の両耳付近から出土した例が島根県松江市古浦遺跡や大阪府東大阪市巨摩《こま》廃寺《はいじ》遺跡にあり、愛知県安城市亀塚遺跡の土器に描かれた人の顔の耳に管玉を下げたような絵があるので、耳飾りはしていたようである。耳に孔をあけて耳飾りをつけることは継続したが、もはや耳飾りあるいは耳たぶの孔を巨大化することが目的ではなく、たんなるファッションやステイタスシンボルとなっていたことがわかる。

土製耳飾りが衰退していくのは、晩期でもそれほど新しい時期ではない。縄文後期後半から晩期に東日本で儀礼が盛んになり、それに伴って儀礼の道具に装飾などの趣向が凝らされた。耳飾りもその一つであったが、その中でも真っ先に衰退していった儀礼の道具といってよい。

これは耳飾りによる通過儀礼の衰退を意味するのであり、次に述べる抜歯やイレズミの推移との関わりについては本章の最後で考えてみたい。

2 抜歯研究の変転

†抜歯の意義

縄文時代に抜歯の風習があることは、形質人類学の小金井良精《よしきよ》らの研究によって大正時代からわかっていた。縄文時代の抜歯は医療目的ではなくて健康な歯を抜くので、そこに儀礼的な意味があるのは明らかだが、真の目的は何なのだろうか。

縄文時代の抜歯の存在は人骨から明らかにできるが、偶然に抜けた脱落と次の点で区別できる。まず、規則的に抜かれるのが判別基準である。両方の犬歯《けんし》、あるいは下の歯の切歯《せっし》を全部抜くなど、左右対称であることが決め手になる。また、側切歯《そくせっし》抜歯など左右非対称であっても同じ事例がたくさん挙がってくれば、やはり抜歯だと判断される。もう一つは、歯槽《しそう》が閉鎖していることである。つまり、歯を抜いてから死亡するまで相当時間が経って、歯槽の穴がふさがっているということだが、ただし抜歯時に出血多量で亡くなった場合はその限りではない。

抜歯は縄文晩期に三河地方や吉備《きび》地方などで発達し、複雑な抜き方をするようになる。

歯には歯種に対して記号がついているが、春成秀爾《はるなりひでじ》はそれにもとづいて上顎左右の犬歯を抜く0（ゼロ）型、さらに下顎切歯4本を抜く4I型と下顎左右の犬歯を抜く2C型、そして抜歯が進行して4I2C型と2C2I型になるとした。縄文晩期の複雑な抜歯も、4I系と2C系という二つの系列に整理できることをつきとめたのである（図）。

最も若い抜歯人骨は一四、五歳頃なので0型が成人式、4I型と2C型を初婚の抜歯と春成は考えた。そして、4I系と2C系の二種類の抜歯は、集落の出身者と嫁いできた者という出自集団の違いとみなした。4I系抜歯人を集落出身者としたのは、2C系抜歯人よりも立派な装身具を身につけていることや、4I系抜歯人に上顎切歯に刻みを入れる叉状研歯を施した特殊な人物がいることなどからである〔春成二〇〇二〕。

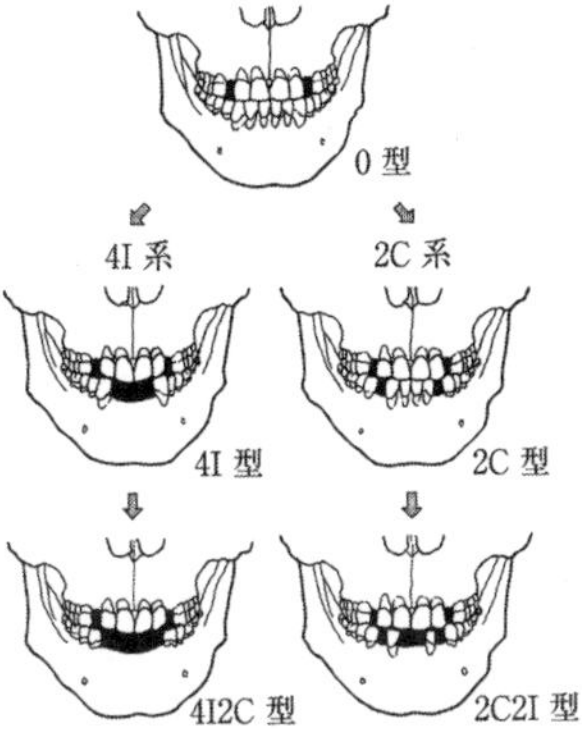

抜歯の2系列（春成原図）

出自批判と双分組織

しかし、抜歯に関する春成の見解には、いくつかの批判が寄せられた。

佐々木高明は、ムラと出自集団が一致していることとは文化人類学的には考えがたいという〔佐々木一九九一〕。考古学からも田中良之が、愛知県田原市伊川津《いかわづ》貝塚から出土した一三体の集骨合葬墓における八体の2C系抜歯人骨に血縁関係があるとする結果にもとづいて春成の説を批判した〔田中・土肥一九八八〕。田中が用いたのは、歯の形態は遺伝しやすいという原理にもとづいて行った歯冠《しかん》計測という分析である。田中は4I系と2C系抜歯は半族表示であり、集落のなかには外婚の単位である出自集団が複数あるという可能性を示した。

「半族」とは何だろうか。部族や集落などの集団が二つのグループに分かれているときの各々のグループを、文化人類学では「半族」という。半族が二つ集まって成り立つ社会組織が「双分《そうぶん》組織」であるが、この組織において半族は婚姻の単位でもある。半族のメンバー同士が婚姻関係を結んだり、色々な場面で相互扶助を行って支え合うのが双分組織のモットーであり、双分組織は比較的格差のゆるい平等な社会に多く認められるという。

†ストロンチウム同位体の分析から

同位体人類学の日下《くさか》宗一郎は、ストロンチウム（Sr）同位体を用いて抜歯人骨の血縁関係の分析を行った。

ストロンチウム同位体は地質によって変化するので、それを養分とする植物は地質の違い、すなわち地域によって異なる値を示す。植物やそれを食した草食動物を摂取したヒト

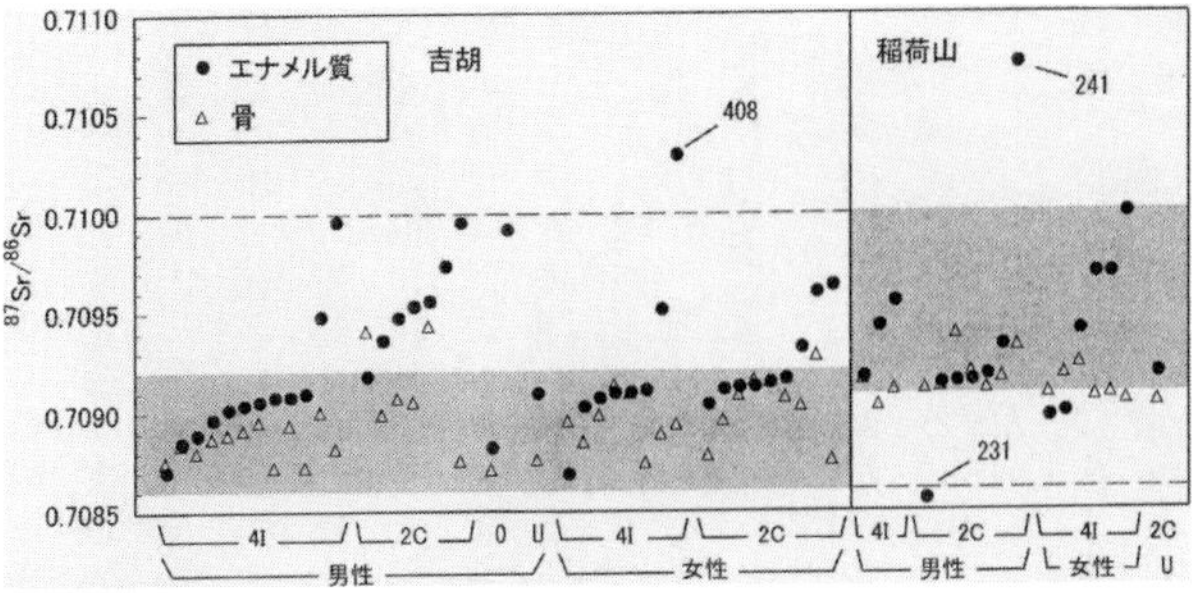

愛知県吉胡貝塚と稲荷山貝塚出土人骨のストロンチウム分析結果（日下2018より）

の体内にストロンチウムが蓄積されるが、そのとき歯のストロンチウム同位体比は固定されて変化しないのに対して、骨は新陳代謝で更新されるので同位体比は固定されない特徴をもつ。

そこで同一人物の人骨の歯と骨のストロンチウム同位体比を測定し、その異同を調べることで、その人が大人になってもずっと同じ土地で暮らしていたか、永久歯が生えたのちによその土地に移動して住むようになったかを判別できる。これは、成人した後の婚姻などに伴う移動を推定する際の有効な分析手法である。

日下は、愛知県田原市吉胡《よしご》貝塚と豊川市稲荷《いなり》山《やま》貝塚の抜歯人骨のストロンチウム分析を行った。この二つの遺跡は、春成が上述の理論を導いた重要な遺跡である。

分析の結果、吉胡貝塚では4Ⅰ系抜歯人骨二〇体のうち四体、2C系抜歯人骨一六体のうち九体が移入者と判別され、稲荷山貝塚では4Ⅰ系抜歯人骨九体のうち二体、

2C系抜歯人骨八体のうち二体が外部からの移入者と判別された。

在地系とされる4I系抜歯人骨に一定の移入者がいるので、春成説は再検討の余地があるが、稲荷山貝塚の4I系抜歯人骨二体の同位体比は、在来者の同位体比と移入者の同位体比の境界領域に非常に近いので、2C系に移入者が偏る傾向は認めてよい（前頁図）。

海と山の生物では、体内に蓄積されたストロンチウムの同位体比が異なるので、ストロンチウム同位体比は生前に食べていた食料の傾向も反映している。分析の結果、4I系抜歯人骨は陸獣に、2C系抜歯人骨は海の魚類に偏るという食性の傾向の差が認められた。4I系抜歯集団と2C系抜歯集団は、生業を異にした集団だった可能性もあるらしい〔日下二〇一八〕。

†^{14}C年代測定の結果

稲荷山貝塚では、数体から十数体の人骨が一群をなしており、いくつかの群によって墓地が構成されている。それぞれの群の人骨は、4I系抜歯と2C系抜歯のいずれかに偏るか、一つの群に両者がいる場合でも二つの抜歯系統の人骨群がまとまりを保ち、4I系抜歯人骨群と2C系抜歯人骨群が対になっていると春成は分析した。つまり、各群同士が、あるいは各群の中が血縁関係の有無で分割されているというのだ。これが抜歯の系列が出自表示だとする春成説の一つの根拠であった。

春成説は、稲荷山墓地の各群の4I系と2C系抜歯人骨は対になる、つまり同時代だという前提に立っていた。ところが、山田康弘と日下、米田穣が人骨の^{14}C年代測定を行ったところ、三つの時期に分かれ、古い時期の抜歯人骨が4I系、中くらいの時期の抜歯人骨が4I系と2C系、新しい時期の抜歯人骨は再び4I系と変遷し、各群に古い人骨から新しい人骨まであることがわかり、春成の前提は揺らいだ。

こうした分析結果を受けて春成は、嫁いできた人々と考えていた2C系抜歯人骨に血縁関係が認められるという分析結果を重視して、嫁ぎ先から自分の出身集落に遺体ないし遺骨を戻して埋葬する「帰葬」があったと理解した。

春成は、さらに吉胡貝塚の墓地と鹿角製腰飾りの分析から、腰飾りのタイプのバリエーションが氏族の表象だとして、吉胡貝塚などの4I系と2C系抜歯の違いを双分組織の半族に由来すると認めて、半族と氏族がともに外婚の単位であったと考えを改めた（春成二〇一三）。

居住集団の規模が小さければ、それが婚姻の単位である、つまり一つの出自集団をなすこともあり得るので、ストロンチウム分析の結果からはまだ春成説を全面的に覆すには至っていない。しかし、抜歯人骨の年代測定の結果は抜歯の二系列が必ずしも一対になるものではない場合もあることを示しており、抜歯の二系列のすべてを出自表示とすることはできない。

今後、年代測定をどんどん進めて確かな年代軸を得たうえで、食性分析などにより多角的に抜歯人骨の関係性を読み解いていかなくてはならない。

東海系抜歯の終わり

縄文晩期の三河地域などで隆盛を極めた抜歯は、その後どうなるのだろうか。

群馬県域の山岳地帯の岩陰に残された弥生時代中期の人骨に抜歯がある。みなかみ町八《や》東《つ》脛《はぎ》洞窟の中期中葉の人骨は、下顎だけでみると抜歯人骨一四体のうち４Ｉ系の抜歯人骨が可能性のあるものを含めて五体、２Ｃ系の抜歯人骨が同じく四体であり、東海系の抜歯が多い。

東海系の抜歯は、縄文晩期終末には長野県域や関東地方に及んでおり、それが弥生中期中葉までは確実に引き継がれていたのだが、いつ終わりを迎えたのか、これまでよくわかっていなかった。というのも、弥生後期の長野県千《ち》曲《くま》市生仁《なまに》遺跡から４Ｉ型の抜歯人骨が出土していたからである。

以前、この遺跡の発掘調査報告書を読んだときに、ほんの少しだが縄文晩期終末の氷Ｉ

式土器が出土していることが気になっていたので、千曲市教育委員会の了解を得て米田穣に抜歯人骨の^{14}C年代を測定してもらった。分析の結果、抜歯人骨は縄文晩期終末とするのが妥当であり、氷I式土器に伴う人骨だとわかった。したがって、縄文系抜歯人骨の終わりは弥生中期中葉と決着したのである。

中部高地地方や関東地方の弥生中期中葉は、それまでの縄文文化の伝統が水田稲作とそれに伴う文化によって急速に失われていく時期であるが、抜歯に関してもそれが裏づけられたことになった。

米田は同位体による食性分析も専門にしているのであわせて調査したところ、この人骨はアワやキビなどの雑穀を摂取していたことが確認された。この結果は、レプリカ法による土器圧痕の調査結果とも整合的である〔設楽ほか二〇二〇〕。

†弥生時代抜歯の二つの系譜

では、弥生時代の西日本では抜歯はどうなったのだろうか。

山口県下関市土井ヶ浜遺跡は響灘《ひびきなだ》に面した本州西端にある弥生前期後半から中期前半の砂丘埋葬遺跡で、約三〇〇体の弥生人骨が出土したことで知られている。これらの人骨は特に成人男性の多くが縄文人に比べて背が高く面長《おもなが》であったことから、渡来系のものとされている。

土井ヶ浜遺跡では、上顎左右の側切歯を抜いたI^2とされる様式の抜歯人骨が、2C系の抜歯人骨と共存していた。I^2様式の抜歯は日本列島在来系のものではなく、中国の新石器時代にみられる様式である。

この様式の抜歯は、東は愛知県域までしか認められない。それより東の抜歯はこれまで述べてきたように、東海系を中心とした4I系と2C系であった。また、西北部九州は4I系抜歯が弥生時代まで残った〔春成二〇〇七〕。

こうした抜歯にみられる二重構造は、弥生時代になると北部九州や響灘沿岸地域などで大陸系の抜歯様式が加わって縄文系を凌駕するようになる一方、西北部九州や中部高地地方、関東地方の弥生時代前半期の抜歯は縄文系ほぼそのままだという、系統の違いが生み出した地域差を示している。

†文化の複合的性格

抜歯の地域差は、弥生前期〜中期前半の西日本と東日本西半における、水田稲作農耕と雑穀農耕という生業形態の違いと不可分である。

かつて形質人類学の埴原和郎《はにはらかずろう》は、金関丈夫《かなせきたけお》の弥生人渡来説、つまり弥生時代は縄文人の中に大陸から人々が渡来して混血し、弥生人の地域色は、縄文系要素が強い西北部九州や南九州地方、東日本地方と大陸系要素が強い北部九州から近畿地方からなるという説を下敷きに、いわゆる二重構造モデルをつくった。

アワとキビも大陸系であるが、アワ・キビ栽培社会のありようは縄文系の色合いが強いことを第1章で論じた。したがって、形質人類学で明らかにされた縄文系vs.大陸系、すなわち伝統と革新が織りなす弥生人の二重構造は、抜歯や農耕にも認めることができる複合的なものだったといえよう。

3 イレズミの歴史

†難しいイレズミの証明

写真や文字のない時代にイレズミがあったのかどうかを探るのは容易ではない。

イタリアとスイスの国境付近、アルプスの山中で偶然発見されたおよそ五〇〇〇年前の〝アイスマン〟はその名の通り氷河によってイレズミのある皮膚まで残っていた。南シベリアのパジリク古墳から出土した紀元前の遺体は、永久凍土によって保存されて全身にイレズミをしていることがわかった。

先史時代のイレズミがわかるこのような例はきわめて稀であり、中緯度帯の日本列島ではほとんど期待できない。頼りになるのは土偶や埴輪だが、顔に線で彫った表現があるからといって、それがどうしてイレズミだといえるだろうか。単なる装飾だ、という反論に返す言葉もなく、すごすごと引き下がるしかない。

なんとか、先史、古代のイレズミの実在を確認する方法はないものだろうか。私が選んだ分析方法は、考古遺物の人物埴輪と、文献の『古事記』と『日本書紀』(記紀)の二つでお互いの信憑性を確かめ合う方法である。まずは、記紀から説明しよう。

†記紀と埴輪の黥面の共通性

『古事記』に二カ所、『日本書紀』に四カ所、古代のイレズミである黥面《げいめん》と文身《ぶんしん》の記述がある。黥面とは顔のイレズミ、文身とは首から下のイレズミのことである。

例えば、『日本書紀』に収められた五世紀前半の履中《りちゅう》天皇条に、天皇が部民《べみん》である馬飼い人が引く馬に乗って淡路島に行ったが、変な臭いがするので占ったところ、馬飼い人の目の付近に施したイレズミの傷が腐って嫌な臭いを発していることがわかり、それから後はイレズミの習慣がなくなった、という記述がある。

これを含めた記紀の六カ所の記述を通覧すると、黥面文身に関する以下のような特徴がわかる。①神武《じんむ》天皇（架空の初代）〜雄略《ゆうりやく》天皇（五世紀後半）までの記述。②畿内地方五話、東国一話。③黥面が畿内地方、文身が東国で、黥面は目と関わる。④畿内地方は男性のみ、東国は男女。⑤部民、特に動物を扱うなど下層階級が多く、政権に関わる者はいるが支配者層はいない。⑥畿内地方は久米《くめ》や阿曇《あずみ》など隼人《はやと》系、東国は蝦夷《えみし》の人々にみられる。⑦怖い、臭いといったよくない印象で語られ、謀反《むほん》や盗みをはたらいた罪人の刑罰の対象になっている。

埴輪とは古墳に立て並べられた焼き物で、単なる円筒形の「円筒埴輪」と色々なものをかたどった「形象埴輪」に分けることができる。形象埴輪には人物をかたどった「人物埴輪」があり、そのうち顔に線刻がある人物埴輪を「黥面埴輪」と呼んでいる。

黥面埴輪の特徴は、以下の通りである。①五〜六世紀につくられた。②黥面に近畿型と関東型の二つのタイプがある。③近畿型は目を囲む線や目尻からの線があり、関東型は頬にハの字の線がある。④男性のみ、⑤馬ひきや、力士、琴ひきなど儀礼に関わる人物、盾持人や武人などであり、支配者層にはない。⑥力士など儀礼に関わる人物は隼人系の可能性があるといった点に集約される。⑦の罪や罰といった点は埴輪からうかがえないが、その他の点はすべてにわたり、前項に記した記紀の記述と一致する。

八世紀につくられた記紀が二〇〇年も前の埴輪のことをよく知っていて書いたはずはない。二〇〇年後に書かれる書物を意識して黥面埴輪がつくられたはずもない。つまり、この二者は意識せずして一致した内容をもつのであり、お互いの信憑性を保証し合っているのである。記紀はイレズミと言い切っているわけだから、黥面埴輪の顔の線刻はイレズミとみてよいことになる。

†さかのぼる黥面表現

五世紀にイレズミはあったが、その習慣はいつまでさかのぼるだろうか。埴輪以前の考古資料で注目したいのが、「黥面絵画」である。黥面絵画とは、弥生後期終末の三世紀を中心に人物の顔を色々な器物に描いた絵画を指す。

愛知県安城市亀塚遺跡の壺形土器に描かれた顔は、目、鼻、口、耳といった通常の顔のパーツ以外に、数条の線がところ狭しと加えられている。雑誌に大きな拓本が載ったときに皆びっくりしたが、私もその一人であった。香川県善通寺市仙遊《せんゆう》遺跡の石棺墓の蓋石に同じ様式の顔が描かれているという記事を新聞で目にしたのは、それから間もなくだったが、興味をもって類例を調べると一気に二〇例近く集まった。

黥面絵画と黥面埴輪の間を埋める資料はきわめて乏しいので、二〇〇年間のブランクは

黥面絵画と黥面埴輪（上：愛知県亀塚遺跡、中：大阪府長原45号墳、下：奈良県荒蒔古墳）

あるが、両者をつなぐこと、すなわち黥面絵画も実際のイレズミとみなせる理由は絵画のなかにある。

イレズミの線が目尻から噴水のように四本描かれた大阪市長原古墳の埴輪など、黥面埴輪には目尻から発したイレズミの線が多い。これは亀塚遺跡をはじめとする各地の黥面絵画に共通した特徴である。したがって、三世紀の黥面絵画もイレズミを表現したとみるのが妥当である。

その一方で、黥面絵画の線刻は、赤色顔料などで顔に施した塗彩の表現ではないかという説がある。しかし、イレズミは痛い思いをすることに意味があるので、イレズミが単なる塗彩へと変化することは考えられもしようが、その逆はおよそ考えられない。目尻の線は絵画上の連続性にとどまらず、実際のイレズミの連続性を示すものにほかならない（図）。

そのようにして考古資料をつないでいくと、黥面の表現は縄文晩期後半までさかのぼる。

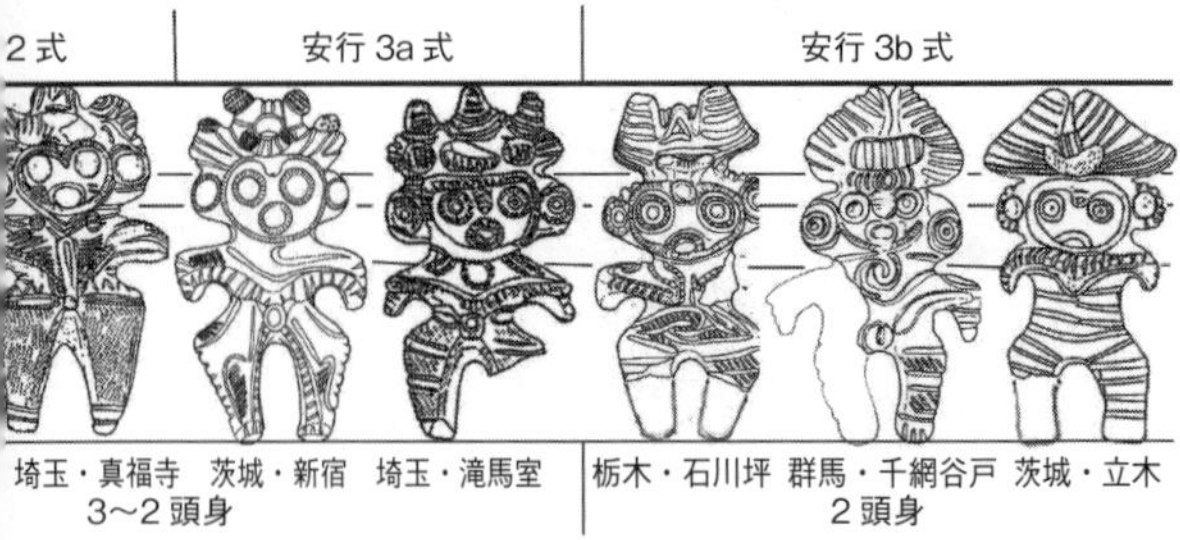

すなわち、弥生時代や古墳時代のイレズミは、縄文時代に起源が求められる。

頬にハの字に線を入れた土偶が縄文中期から知られているが、晩期後半になるとハの字の線が複数になり目の下に多条の線が施されるなど、東海地方から東では複雑なイレズミの土偶が現れた。これを黥面土偶と呼んでいる。

西日本では弥生前期に東日本からの影響によって、目を取り巻くなど複雑な線刻をもつ黥面土偶や顔のついた壺などがみられるが、その後、黥面の表現は衰退していく。弥生中期後半には、目の上下にうっすらと線刻が残る程度になった。それが三世紀になると西日本を中心に広範囲に複雑な黥面絵画がみられるようになる。

このように、複雑だった縄文晩期終末のイレズミが弥生中期以降衰退するが、三世紀にふたたび複雑化する。その理由はなにか。また、そもそも痛い思いをしなくてはならない先史時代の儀式の意味はどこにあるのだろうか。

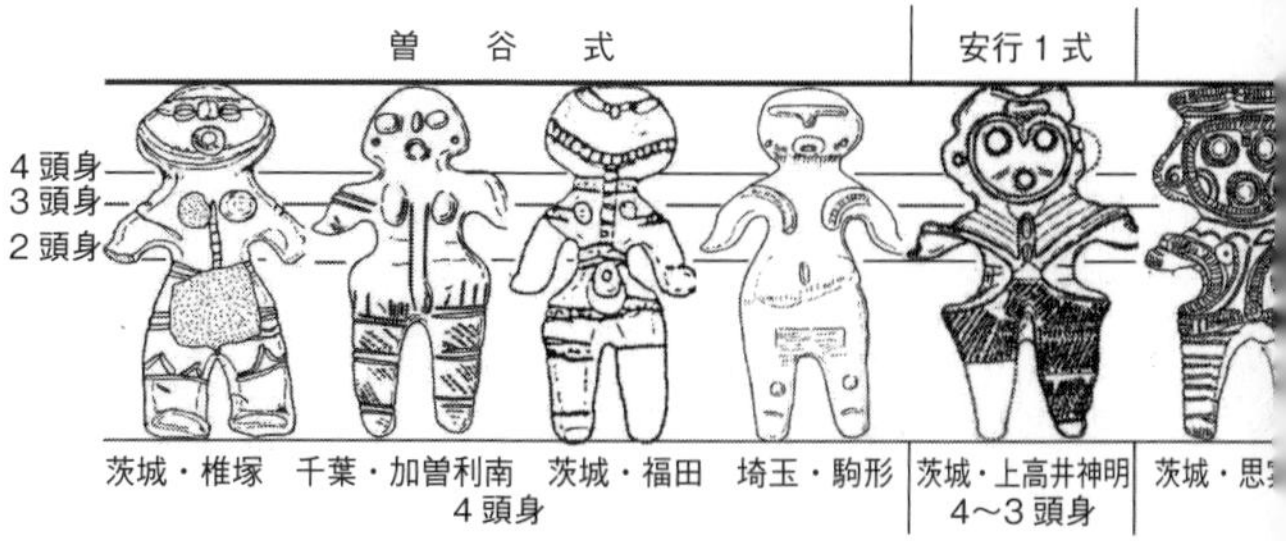

山形土偶（曽谷式）からみみずく土偶（安行１式以降）へ（筆者作成）

†通過儀礼の意義と土偶大人仮説

縄文時代に抜歯風習があったことは既に述べた。イレズミにしても抜歯にしても、強烈な痛みを伴う。それに耐えて大人になることに意味があった。それは死に匹敵するような痛みを身体に与えることで、新しい人格の持ち主へと生まれ変わる儀式――イニシエーション――である。

それは大人としての権利をもつとともに義務も負うことになるという、もはや子どもには逆戻りできない訣別の自覚を身体に叩き込む過酷な儀式でもある。お酒を飲んで大暴れする印象だけが強い現代の成人式とはわけが違うのである。

土偶については第7章で扱うが、ここでは先史時代の通過儀礼の意義から土偶の役割を推論して仮説を示しておきたい。それが「土偶大人仮説」である。

「みみずく土偶」は、縄文後期後半から晩期の関東地方で流行した土偶である。それ以前の山形土偶（図の左四つ）は四頭身だが、徐々に頭が大きくなり、晩期に二頭身近くになる（前頁図）。髪の毛を結いあげて、額の毛に櫛をさし、大きな耳飾りをつけた状態が一様に表現されているので、頭が大きくなるのは頭部の装身が強調されたことによる。ここまで述べてきたように耳飾りは一種の通過儀礼なので、結婚適齢期には結構な大きさになったであろう。

土偶には、はっきりと男性と断言できるものはほとんどない。それに対して、女性とみなせる土偶は数限りなくある。それも、妊娠や出産の状態を表現した土偶が多く、さらに子育てを表した土偶もあるなど、成熟した女性像が土偶の基本である。髪を結いあげて櫛をさし、大きな耳飾りをつけることは結婚できる条件が整ったこと、つまり大人になった女性の証であったのだろう。

土偶は安産祈願や精霊の表現であるなど、様々に解釈されてきた。それも正しいであろうが、妊娠や出産も大人になって初めてできることであることからすれば、土偶は大人になった証を表現したものであり、それを持つ人、見る人に大人になることがいかに重要なものかを自覚させ、社会にアピールする役割を負っていたのではないだろうか。

†戦争とイレズミ

縄文時代の抜歯も初めて行われるのは思春期だから、成人式の重要な通過儀礼であった。

縄文時代の抜歯は男女とも行っていた。土偶は基本的に女性像だからイレズミは女性がしていたといえるが、抜歯を参考にすれば男性も行っていたであろう。

ところが、三世紀の倭人のイレズミは男性だけの風習だと同時代の『魏志』倭人伝は書いている。これについて、縄文時代にはあまりなかった戦争が弥生時代になると頻発することから、イレズミは戦士の仲間入りのための通過儀礼になったというのが古代史の吉田晶《あきら》の説である〔吉田一九九五〕。

倭人伝は、「倭人が水に潜るとき、魔物から身を守るためにイレズミをする」とも書いている。三世紀の黥面絵画は瞳のない不気味な目の顔で、壺や高坏《たかつき》、土偶といった祭りの道具に描かれ、墓や井戸など結界から出土していることからすると、イレズミには邪悪なものや敵を威嚇し倒す目的があったとみてよい。すなわち、いわゆる「辟邪《へきじゃ》」の役割がイレズミにあったのである。

縄文時代には闘いによる死者はいたって少なく、敵を倒すための専門の武器もない。それに対して、弥生時代になると、環濠集落や高地性集落など防御機能をもつ集落、専門の武器が登場し、それによって殺傷された人骨が縄文時代の一〇倍は出土するようになる。縄文時代のイレズミは抜歯と同様に単なる通過儀礼であり、辟邪の機能はなかったのだろう。イレズミの性格の変化の理由はどこに求められようか。

弥生時代の防御集落の形態にしても専門の武器にしても、大陸からもたらされたのであり、武器の副葬や崇拝が始まることからすれば、戦争に伴う思想的転換もあっただろう。漢帝国はイレズミを墨刑《ぼくけい》という重い刑罰としていた。弥生中期以降、漢文化の影響の強まりとともに、黥面絵画が衰退するのはその影響かもしれない。

通過儀礼と社会統制の強化

しかし、三世紀に再び黥面絵画は複雑化する。そのきっかけは二世紀後半の倭国乱にあった。広い範囲で共通の様式をもつ黥面には、戦いに伴う部族同盟のような意味があったのであろう。

あらゆる災害や社会不安は、社会統制の強化をうながすとされる。縄文晩期は世界的な寒冷化現象に襲われ、中部高地地方や関東地方で集落が衰退するなど社会不安にさいなまれた。縄文晩期終末には長野県域から関東地方に複雑な東海系抜歯が広まった。

天災と戦争という二つの要因によって、通過儀礼でも特に痛みの強い抜歯とイレズミが強化された。土製耳飾りがそれを待たずに一足先に衰退したのは、一度孔をあければあとの耳朶《じだ》伸張はさほど痛みを伴わない単なるファッション的な要素が強かったからではないだろうか。

第5章
祖先祭祀の三つの形――縄文と弥生の死生観

1　祖先祭祀を探るには

†位牌分けの習慣

だいぶ前のことになるが、実家の父が亡くなり母に「位牌《いはい》はもっていくかい？」と聞かれ、我が家には仏壇がないので実家に置かせてもらった。そもそも位牌は一つの仏壇の中に一人につき一つだけ収まっているものかと思っていたが、子ども全員に位牌をもたせる「位牌分け」という風習が故郷の群馬県地方にあることを、このとき初めて知った。

仏壇の中には位牌をはじめとして慰霊写真、瓶にさした造花、供養物をのせる高坏、線香立て、おりんなどがところ狭しと並んでいる。地方によって異なるであろうが、みな祖先供養のためのアイテムである。父は亡くなったばかりであったから、祖先というには新参者過ぎる。祖父とは会ったこともないので祖先の仲間であり、祖母も亡くなってから五〇年も過ぎているので、祖先の仲間入りをしているであろう。

こうした選別はいずれも後に残された者の個別の感覚に過ぎないが、三十三回忌《かいき》といった年忌を定めているのは、忘却の度合いに応じて祖先への昇華過程を数値化した一種の通過儀礼の社会的な制度といってよい。そうした儀礼の過程では、仏壇のアイテムを駆使してせっせと供養しないと祖先に受け入れてもらえないのである。

本章では、先史時代に祖先祭祀がどのような意味をもっていたのか、またその系譜の違いを縄文時代と弥生時代の祖先祭祀のなかに探る。まずは、考古資料によって祖先祭祀を推測する手続きを、文化人類学の成果から考えてみたい。

†文化人類学からみた祖先祭祀

ラドクリフ＝ブラウンやマイヤー・フォーテスといった文化人類学者が祖先祭祀を研究しているので参考にすると、以下の四項目が祖先祭祀の認定条件とまとめることができる。

①死を媒介にした儀礼であり、祀る者である生者と祀られる者である死者との関係から

成り立っている。
②祀る者と祀られる者の間の関係は、親族関係である場合が多い。
③祖先になるには、ある程度の世代の深度が必要である。身近な死者は、祖先のなかにまだ定置されてはいない。
④祖先を祀るには、墓地や納骨堂などの記念の施設、石塔や位牌などの記念碑や記念物、モニュメントが設けられる場合が多い。
⑤供物やいけにえを捧げるなど、祖霊に対して供養のための特別な儀礼が行われる。

このすべてを満たす必要はないが、多くがそろったときに祖先祭祀の存在を認識することができる。

現代の社会現象を扱う場合が多い文化人類学という学問の成果を、過去にあてはめてよいのかどうかは慎重に吟味していかなくてはならないが、先史時代の遺跡を発掘すると、この多くの要件に適合する事例にしばしば出くわすことがある。先史社会でこうした社会現象が発生するためには、まず定住生活を営むことが最低限必要になる。

†祖先祭祀発生のメカニズム

日本列島では更新世末～完新世の温暖化に伴って定住化が促進され、それが人々の旧石器時代的な遊動生活を変えていった。

貝塚の形成もその一つの現象だが、貝塚からは竪穴住居跡がよく見つかる。後で述べるように定住が進んだ縄文前期から中期にかけて、竪穴住居を環状にめぐらせた集落が形成され、それに応じて貝塚も環状に配置されるようになる。環状をなす竪穴住居群の内側や貝塚からは、埋葬人骨が出土することが多く、生者と死者が居を共にしたのが縄文時代の特徴であり、死者との濃厚な関係性のなかに祖先祭祀が芽生えるきっかけがあった。

定住生活の進展によって獲得する資源の領域が固定化されていくと、資源の確保や継承をめぐる取り決めも厳しくなっていっただろう。それらの財産は、排他的な性格を帯びながら代々にわたって受け継がれたのであり、子や孫へとつつがなく継承していくためには祖先からの系譜を認知して、それを確認するための方法が模索されることになった。

祖先祭祀がこうした必要性から生まれたとすれば、定住生活の始まりこそがその引き金になっており、それが先史時代にさかのぼることも十分予測できるのである。

†祖先祭祀の普遍性

縄文時代が野蛮で単純な時代であったというのは、ひと昔前の考え方だ。これから述べる埋葬の手続きの複雑さは、縄文人がわれわれ現代人以上に死に対して強い意識を抱いていた可能性すら感じさせる。

自然科学が未明であり、現代人のようには死の仕組みがわかっていない縄文人が死や死者に対してとった態度の意味は、私たち現代人にはかりがたいものがあるが、そのなかに、私たちとも通じた意識が垣間見えるときもある。祖先祭祀などはその一つであるが、それは血のつながりを通じて累積した死者との絆を再確認するというその行為、すなわち祖先祭祀に時代を超えた普遍性があるからなのだろう。

2 縄文文化の祖先祭祀

†祖先祭祀の萌芽

日本列島の東部で集落が大きくなっていくのは縄文前期の前半からであり、それは定住生活が確立した画期でもある。

神奈川県横浜市南堀《なんぼり》貝塚では、遺跡の大部分が発掘調査され、当時の集落の姿がよくわかる。それによると竪穴住居は環状にめぐらされていて、その内側の一角に集団の墓地が設けられるようになった。

竪穴住居は一つの時期に建てられていたものではなく、重なり合った状態で発掘される場合が多い。それは、竪穴住居が地点を定めてつくり続けられたことを示している。つまり定住生活の進展によって、住む場所が固定されてきたことを物語る。定められた場所に埋葬跡が複数見つかるのも同じことであり、死者の住まい、すなわち墓地も固定してきたのである。

これは世代を超えて人々が一つの場所に住み、眠り続けたことを示すものであり、それは先ほど挙げた祖先祭祀の要件③に関わる現象である。

要件①が示すように、祖先祭祀は「死」を媒介とするものだが、その死を最もはっきりと示す場所は墓地である。したがって、墓が祖先祭祀と密接に結びついているのは洋の東西を問わない。では、縄文前期の集団墓地の形成のなかに、祖先祭祀の発生をうかがわせるような現象はないだろうか。

長野県原村阿久《あきゅう》遺跡は、縄文前期の大型の集落である。この遺跡では、配石遺構という礫《れき》を配置した遺構があり、人骨は出土していないがおそらく墓であったと考えられている。注目しなくてはならないのは、配石遺構が環状をなし、その中心に巨大な石がいくつか立てられていることである。

調査した人は、この施設を祖先祭祀のシンボル的な存在と考えている。この立石を祖先祭祀の要件④として理解したわけだが、その当否は別にしても墓地が大きくなり、それに伴う施設も出現するのが縄文前期であり、温暖な気候に支えられた安定的な定住生活の完成に祖先祭祀の芽生えるきっかけがあったことは認めてよいだろう。

†墓地をどこに設けるか

千葉県市原市草刈《くさかり》貝塚と岩手県紫波《しわ》町《ちょう》西田遺跡は、集落の大型化が縄文中期になっても続いていたことを示している。いずれも環状集落という、縄文時代に特有の構造をとっている。環状集落は、広場ないし墓地を中心として竪穴住居や食料の貯蔵穴などの居住域が環状に展開している集落であるが、西田遺跡のように墓地が中心に設けられているということは、人々の結集の原点が墓地であったことを物語っている。

墓地をさらによくみてみると、二重になっていて、中心には墓が二列に並んでいる。集落を切り開いた功労者をまず埋葬し、それを中心として次の世代の人々の埋葬が展開して

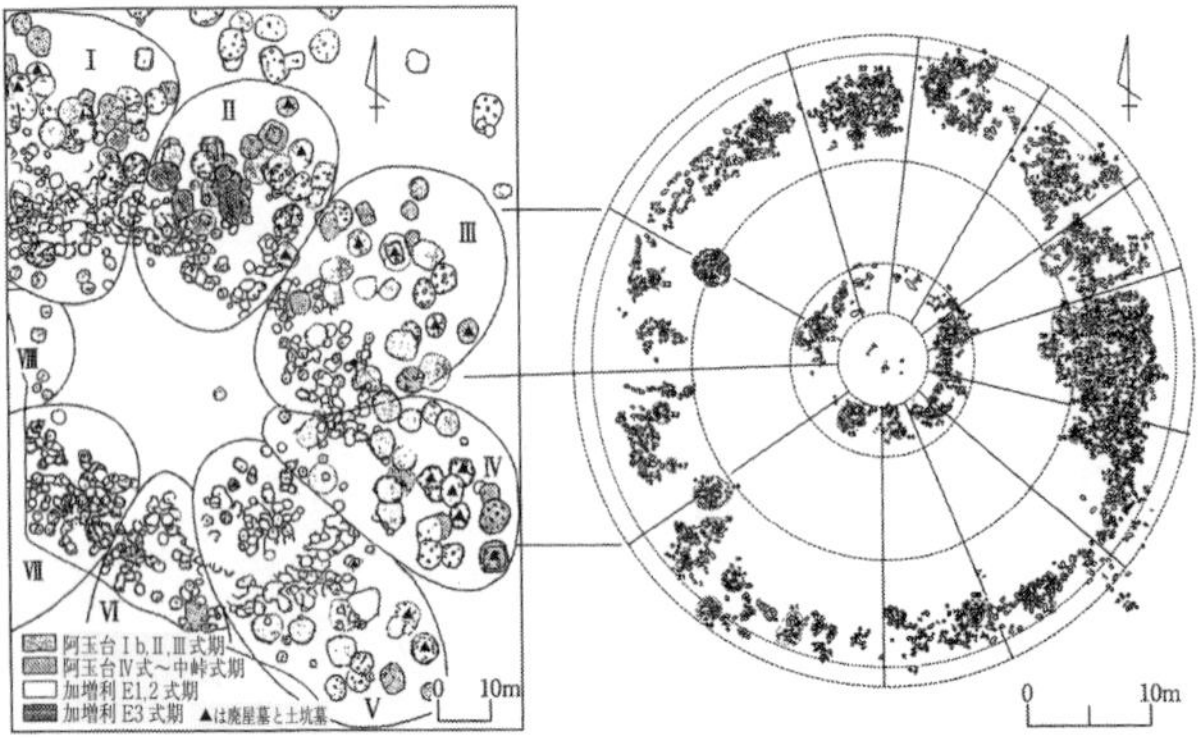

左：千葉県草刈貝塚の環状集落、右：秋田県大湯万座遺跡の環状墓地（筆者作成）

いったと考えるのが妥当である。

草刈貝塚の場合には、墓は竪穴住居の床である。つまり、これは死者が出た住居をそのまま墓地とした廃屋墓《はいおくぼ》であり、集落の中心は広場のような空間になっている。この集落の構造を分析した高橋龍三郎は、廃屋墓が住居群の外側に設けられていることから、廃屋墓の死者を祖先として意識し、次の世代の者はそれを避けるようにしてその内側に新しい住居を営むようになったと考えた〔高橋一九九一〕。中央の広場では、祖先の霊とともに舞踏などの儀礼が繰り広げられたことだろう。

†集落を分割する意味

西田遺跡の墓地をみると、いずれもいくつかのグループによって構成されている。

縄文時代の集落は、いくつかの竪穴住居がかたまって群をなし、そうした群がいくつか集まって集落をなす場合がある。草刈貝塚のような環状集落は、いくつかの住居群で構成されていることが多い。こうした分割は、秋田県鹿角《かづの》市大湯《おおゆ》環状列石の墓地にも見受けられる（図）。

居住域の分割構造の意味するところは「分節構造」だと、谷口康浩は理解している〔谷口二〇〇五〕。「分節構造」とは、デュルケームなどの社会学者や人類学者による用語で、居住集団が親族組織によって分割されている構造のことである。竪穴住居は互いに重なり合って築かれている場合が多い。住居を建てる際に、わざと古い住居に一部を重ねるようにしていくのは、血縁関係の近いグループが領域を定めて住み続けた結果であろう。

墓地のなかのグループは「埋葬小群」と呼ばれている。墓地が分割されているのは、例えば家族などの親族単位で生活をしていたもの同士のつながりが、死後の世界に反映された結果であろう。つまり、分節構造が墓地に反映しているのである。したがって、埋葬小群とは代々の家族、すなわち家系を示すと考えるのが妥当だろう。祖先祭祀の要件②に該当する。

このように、縄文中期の集落は大型化していったが、墓や住居の数の多さと住居の重複関係からすると、集落は何代にもわたって同じ場に住み続けたために世代の深度が相当深くなっていると考えられ、さらに墓を中核として居住域が設定されるなど、祖先祭祀によって集落が統合される段階に達しているといってよい。

さらに縄文後期になると、ある特異な葬法の墓が出現し、それが集落のシンボル的な存在になっている状況がうかがえるので、次にそれをみていくことにしよう。

†再葬と複葬

千葉県の太平洋岸は縄文時代の貝塚がひしめき合う地域だが、縄文中期終末から後期前半に複数体の人骨を納めた土坑がいくつかの貝塚から見つかっており、この地域の縄文墓制の一つの特色となっている。

この墓制は茨城県の内陸におよび、取手《とりで》市中妻《なかづま》貝塚からは一〇〇体あまりと、とんでもない数の人骨を納めた土坑が出土した。

いま、「人骨を納めた土坑」と書いたが、これは「遺体を納めた土坑」というべきであり、日本語としておかしいぞと思われたかもしれない。しかし、これでよいのである。なぜならば、この墓制は遺体を骨にしてから再度土中に埋葬するという葬法をとっているからである。出土した骨が解剖学的に正常な位置関係にあるかないかで、遺骨処理をした葬法かそうでないかの見極めがつく。

遺骨処理を経る葬法は「再葬」と呼ばれ、民族学では「複葬」という。これに対して、遺骨処理をせずに行う埋葬は「単葬」と呼ばれる。

　複葬は奇妙な習慣だと思われるかもしれないが、世界的にみても決して特殊な葬法ではない。世界の葬法を集めた民族学の大林太良《たりよう》の著書『葬制の起源』では、複葬に多くの頁が費やされていることからそのことはわかる。また、民俗学の柳田國男《やなぎたくにお》は、火葬も遺骨処理を経ているので複葬の一種であると述べた。つまり、われわれも複葬されるのである。

　沖縄に古くから根付いていた「洗骨葬」も複葬である。洞窟などに遺体を納めて骨になるのを待ち、取り出した骨を泡盛で洗う。洗い終わった骨を厨子甕《ずしがめ》という蔵骨器に入れて、亀甲墓《かめこうばか》という亀の甲羅のような形の墓に納めるのが洗骨葬である。沖縄には現在でも洗骨葬を行っている島があり、沖縄出身のお笑いコンビ、ガレッジセールのゴリこと照屋年之《てるやとしゆき》は、これを題材にして『洗骨』というコミカルで味わい深い映画をつくった。

　沖縄の洗骨葬の意味は深いものがあろうが、民俗学では一般的に祖先に集合するための通過儀礼と考えられている。沖縄の地元のみなさんはお墓参りに余念がなく、四月の清明祭《シーミーサイ》には、お墓の前で一族が三線《サンシン》を弾きながら楽しく会食する風景を目にする。沖縄の親族組織は門中《ムンチュー》という父系の制度を基礎にしているが、単系の出自集団、特に父系制社会では祖先祭祀が発達するという文化人類学の法則を地でいっているようだ。

†権現原貝塚と双分制社会

縄文時代の埋葬の特徴の一つが「合葬《がっそう》」である。一つの土坑などから二体以上の人骨が出土する墓を合葬墓という。遺体を合葬するのと遺骨を合葬するのでは意味が違うので、言葉も分けないとならない。私は、骨を集めたという意味で、再葬の合葬を「集骨葬」と呼んでいる。また四〜五体以上、時として数十体に及ぶような規模の大きな集骨に関しては、呼びかたを区別して、「多人数集骨」と呼んでいる。

千葉県市川市権現原《ごんげんばら》貝塚では、直径二メートルほどの土坑に一八体の遺骨を納めた多人数集骨土坑が出土した。渡辺新《あらた》がこの墓と人骨を分析して面白い結論を示しているので、渡辺説を踏まえながらこの遺跡と遺構をみていくことにしよう〔渡辺一九九一〕。

権現原貝塚は縄文中期終末から後期前半の環状集落であるが、竪穴住居群が南北二つのグループに分かれて、中央の広場には激しく重複する竪穴建物群が二列ある。広場には墓地も二カ所認められる。つまり、この集落は色々な点で二分割されているのである。

前章で、双分組織と半族の話をしたが、権現原貝塚の集落も双分制原理にもとづいていた可能性がある。

広場の二列の建物群に付随するように、それぞれ特殊な墓が検出された。一つは焼いた人骨を納めた墓であり、もう一つが多人数集骨墓である。多人数集骨墓には、土坑の真ん中に人骨がない円形の箇所があり、ここに木柱が立っていたと推定されている。

渡辺は一八体の人骨の形質を分析して、それらが歯の形状によって二つのグループに分けられることをつきとめた。奥歯を舌でさわると凸凹《でこぼこ》している。その突起は五つが多いのだが、まれに六つの人がいる。この凸凹を咬頭《こうとう》というが、一八体のうち年齢や性別が明らかにされた一六体において第五咬頭の人たち（A群）が八体に対して、第六咬頭の人たち（B群）が八体と半々だった。両群ともに老若男女からなっており、咬頭は遺伝的な形質に左右されるので、渡辺はこの二つのグループを家系の異なる二つの家族ととらえた。

この墓が形成されたのは縄文中期終末で、集落が開かれて間もなくのことであった。そこで、渡辺は権現原集落と多人数集骨墓の成り立ちを次のように推測した。

無人の地にどこからか二つの家族がやってきて、婚姻関係などを結びながら一緒に暮らし始めた。しかし、お互いの軋轢《あつれき》などで生活がぎくしゃくしていたので、ある時二つの家族の子孫たちは、広場の二カ所の墓地に埋葬されているそれぞれの祖先の骨を掘り起こし、一緒に再埋葬した。墓には木柱が立てられて、再埋葬され集合した祖先のもとで、これからの生活の円滑化を誓うシンボルのような記念物にした、というのである。

少し脚色しながら渡辺の論旨を要約してきたが、双分制社会の可能性がある遺跡における事実関係と分析に裏づけられた説得力のある解釈である。

二つの家系のそれぞれは、血縁関係によって結びついたいわゆる家族である。多人数集骨墓は集落開設の比較的古い時期につくられ、再埋葬したのは二家族の子孫であり、墓自体が木柱の立てられた記念碑的存在であった。これらは、先にみた祖先祭祀の要件の多くを満たしている。

†気候変動と再葬

それでは、祖先祭祀の役割とは何だったのだろうか。渡辺の仮説では、多人数集骨墓には、社会生活を円滑にしたり、危機的な状況に陥ったりした場合に集団の秩序や結束を強めるための役割があったという。本書では、さらに少し視野を広げてみよう。

権現原に多人数集骨墓がつくられたとき、すなわち縄文中期終末から後期前半には、同じような墓が房総半島の東京湾沿いの集落にいくつもみられる。また、同じ時期に遠く離れた青森県域にも、タイプは違うが、一つの土坑に何体かを合葬した再葬墓が出現する。では、その縄文中期終末から後期前半とは、どのような時期だったのだろうか。

縄文時代にはいくつかの環境変動、世界的な寒冷期があったが、この時期がまさにその一つに相当する。

秋田県大湯遺跡のストーンサークル（『大地と呪術』〔学習研究社、1969年〕より）

草刈貝塚のように大きな集落も分散化して小規模な集落になることが、房総半島でも青森県域でも確かめられている。縄文前期から中期に巨大な集落として威容を誇った青森市三内丸山遺跡も、中期終末から後期初頭には衰退し、小集落に分解して周辺に散っていった。縄文後期前半の秋田県大湯の環状列石は巨大な環状墓地であるが、まわりを掘っても竪穴住居跡がみつからない。

寒冷化などで身のまわりの資源が枯渇状態になれば、大勢の人々で一つの場所に住んでいると共倒れになりかねない。したがって、人々は散り散りになり、別れて住まざるをえない。そうすればテリトリーは相対的に広くなるので、資源確保の難問題も解決できる。しかし、そのときに新たな問題が生じる。それは、かつて一つの集落で暮らしていた同族集団が執り行っていた共同墓地の運営と、祖先祭祀に支障をきたすことである。

†再葬墓の役割

そこで、大湯環状列石のように配石をしつらえて墓地を荘厳化し、分散化した集落のメンバーが同族の結合を再確認するために集結し、集団統合の原点としての機能を高める工夫を凝らしたのであろう（前頁図）。

権現原貝塚の多人数集骨墓が成立する理由はそれとはやや異なっていたが、集団の離合集散が激しい縄文中期終末から後期初頭という時期に、集団間の秩序の安定と強化をはかるため、祖先祭祀にその役割を求めていった点では同列に扱える。

縄文後期前半に気候が回復して、房総半島に大型の貝塚が築かれる安定期にもなお多人数集骨墓が盛んにつくられたのは、ひとたび集団の統合の装置として採用された祖先祭祀が、さらにその効果を発揮することを願ってのことに違いない。

山田康弘はかつて多人数集骨の意味を考えたときに、縄文時代中期から後期に大型の集落が分散化することに目をつけて、集落が後期に再統合する際に遺骨を持ち寄ってシンボルにしたと考えた（山田一九九五）。近年、山田は千葉県船橋市古《こ》作《さく》貝塚の多人数集骨の年代測定を行い、それがまわりの埋葬人骨よりも古いことを確かめて自説を補強した。

3　東日本弥生文化の祖先祭祀

†イースター島の石棺墓

　再葬がふたたび盛んになるのが縄文晩期であるが、これもまた寒冷化が進行した時期であった。新潟県糸魚川《いといがわ》市寺地《てらじ》遺跡から石を組んでつくった墓地である配石遺構が検出されたが、円形に形づくられた配石の中央に炉状の配石遺構が設けられ、そのなかに三〇体もの焼けた人骨が納められていた。祖先の骨を集め、焼いて墓地の中心に位置づけたのである。

　私はかつてイースター島を訪れたことがある。モアイ像が立っているその後ろには石棺墓があったが、そのなかに焼人骨がぎっしりと納められていたという解説をみて、縄文晩期の焼人骨葬が思い起こされたのである。

　イースター島はタヒチから四〇〇〇キロほど東の太平洋上にある島であり、現地の名前を「ラパ・ヌイ」という。探検家のロッへフェーンが一七二二年の復活祭（イースター）の日に発見したので俗称で呼ばれるようになった。彼が見たモアイ像は立っていたのだが、およそ五〇年後にキャプテン・クックが訪れたときにはモアイ像はその半数が倒されており、一八四〇年頃にすべてのモアイ像が倒されたと言われる。部族間の争いが激化しモアイ像を倒す、「モアイ倒し戦争」が頻発した結果だというのである。

モアイ像は海岸を背にして立っている。そして、今は失われているが目をもっていた。白目はサンゴ、黒目は黒曜石でできていたが、その眼力で集落を見据えて部族を守っていたのである。他の部族がねらったのはその眼力のある目であり、モアイ像を倒して目を破壊することにより敵の部族に打ち勝つことができた。

モアイ像は焼人骨を抱えた祖先の像であり、部族にとって祖先は自分たちの力の根源だったのである（図）。

イースター島のモアイ像（筆者撮影）

†人骨の加工と変形

それでは焼人骨をつくること、すなわち人骨を焼く意味とは何だったのだろうか。一つには、寺地遺跡のように複数の先祖の力を一つの場に結集させるべく骨を焼いて小型にしたという物理的な要因が考えられる。

しかし、それだけでは解き尽くすことはできない。なぜならば、縄文後期以来イノシシやシカなどの狩猟動物の骨を焼いて集落にまく儀礼が、長野県域などを中心として盛んに行われており、人の骨を焼く儀式もその延長線上に位置づけられるからである。その儀礼行為は、弥生時代に受け継がれ、再葬のなかに取り入れられて再葬は制度としてさらにシステム化の度合いを高めていった。

そこで、弥生時代の再葬のシステムを復元することによって、焼人骨や再葬の意味に接近してみたい。

群馬県みなかみ町に八束《やつ》脛《はぎ》洞窟がある。弥生中期中葉の洞窟遺跡であるが、ここから数十体もの焼けた人骨がみつかった。人の指の骨や歯に孔をあけてペンダントにしたらしい装身具が焼人骨に伴っていたが、これらはあまり焼けていない。

一方、群馬県域をはじめとする関東地方や福島県域など南東北地方の弥生前期から中期にかけて、一つの土坑に数個体、多い場合には十数個体もの壺形土器を納めた遺構が台地上のあちこちの遺跡で発見されている。中から成人の骨が出土した壺もあるので、土器は再葬の蔵骨器で、この遺構は再葬墓であることがわかる。

†再葬のプロセスとシステム

洞窟と台地上で再葬墓の種類が異なっているのは、再葬にも多様なスタイルがあった結果だとされていたが、春成秀爾は両者を一連の再葬の儀礼の過程に位置づけた〔春成一九八八〕。

壺に納める骨はごく一部でよかったらしく、焼けていないものが多い。八束脛洞窟のように焼けた人骨の出土する洞窟や岩陰は、壺などの蔵骨器は伴わない場合が多い。これに指や歯のペンダントの半焼けの状態を合わせてみると、この地域における弥生時代の再葬のプロセスは以下のように復元できる。

台地や岩陰などでの遺体処理（埋葬や風葬による骨化）→骨あげ→骨の選別（一部を壺に納める骨とし、指や歯を取りだす）→穿孔人歯骨の装着→骨を壺に納める→残りの骨を岩陰などで焼く→穿孔人歯骨をくすぶる骨のなかに捨てる→いくつかの骨壺がそろった段階で一括して台地の土坑に納める（再葬の終了）。

こうした複雑なプロセスをとる再葬を特徴づけるのは、複数の大型壺を一つの土坑に納めた再葬墓であり、壺再葬墓と岩陰などの遺体処理施設をひっくるめて「弥生再葬墓」、それを中心に復元された一連の再葬システムを「弥生再葬制」と呼んでいる。

†弥生再葬墓の成立と系譜

骨壺を納めた弥生再葬墓はいくつもみつかる反面、同時期の竪穴住居跡など住まいの痕跡がとらえにくいのが大きな特徴である。

石川日出志《ひでし》は、再葬墓をつくった集団は再葬墓から離れたところに分散して居住していたと考えている〔石川一九九九〕。そうであれば、そのありかたは縄文中期から後期の集落の動態と同じとみなせる。縄文晩期から弥生時代前半が寒冷な時期であることも、同じようなメカニズムが働いて再葬墓を生み出した可能性を考えさせる。

縄文晩期最終末の福島県域に出現した弥生再葬墓は、弥生中期中葉まで愛知県域から岩手県域に至る範囲で流行したが、中部高地地方から南東北地方に濃密に分布する。信濃地域で発達した縄文晩期の焼人骨葬を引き継いでいることなど様々な点から、弥生再葬制は縄文文化の再葬の伝統を強く引いた葬制だといってよい。

その一方で、大型壺は弥生文化の特徴である。第9章で述べるように、穀物の増加と壺形土器の増加の比率の変化は同調しているので、壺形土器が圧倒的多数を占める墓制は、縄文晩期最終末にいちはやく西日本に由来する壺の重要性を感知して、福島県域で身近にあった亀ヶ岡式土器の壺を大型化して蔵骨器に採用するに至ったと考えられる。

†最古の弥生再葬墓

ではなぜこの時期の再葬は、このように複雑な手続きをとっているのだろうか。それは祖先祭祀と通過儀礼の強化に求めることができる。その理由を最古の弥生再葬墓の一つである、福島県霊山《りょうぜん》町根古屋《ねごや》遺跡を例にとり、以下に述べよう。

根古屋遺跡は、縄文晩期最終末から弥生前期におよぶ最も古い弥生再葬墓の一つである。複数の壺を納めた土坑が累々《るいるい》と重なっているが、墓地全体は弧状の配列をとっている。焼けた抜歯人骨が多量に伴い、穿孔《せんこう》人歯骨も数多く出土した。

この墓地はいくつかの再葬墓群から成り立っているが、構成は西田遺跡など縄文時代の分節化した墓地の構造と同じである。ならば、再葬墓の個々の群はいわゆる埋葬小群であり、親族組織を背景としたいくつかの家系から成り立っていると考えられる。

墓は重なり合ってつくられ、二〇〇年間以上は続いていたので世代の深度も相当に深い。居住域はまったくといってよいほどみつからないので、再葬墓の墓域自体が特別な埋葬儀礼を行うための記念物であったとみてよい。

†祖先祭祀と通過儀礼

したがって、弥生再葬墓には祖先祭祀の役割があったとみなしうる。石川は、分散した小集団が祖先祭祀によって同族の意識を強めたことに弥生再葬墓形成の要因を求めているが、妥当だろう。

前章で述べたように、縄文晩期には健康な歯を抜く抜歯の儀礼や、耳たぶに孔をあけて大きな耳飾りに付け替えていく風習も存在した。抜歯は人生のなかで何回も行われたらしいが、初回は一五歳くらいのときだったので、これが成人式であったとされている。その後、結婚式や葬式など、ほとんど誰もが人生のなかで遭遇する特別なできごとのときになされた通過儀礼である。

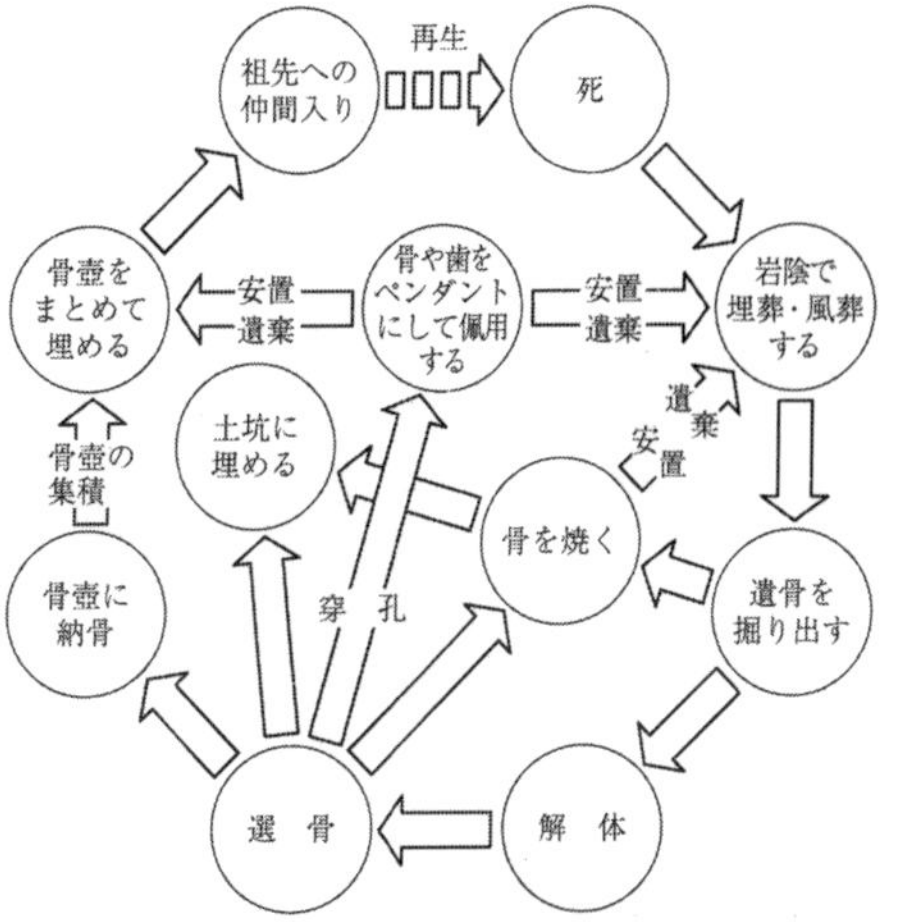

弥生再葬システム（設楽 2005b より）

人生最後の通過儀礼は、祖先への仲間入りであった（図）。したがって、死者の穿孔人歯骨の意義や、人骨を焼く意味も、一連の再葬のプロセスが通過儀礼であるという視点から読み解かなくてはならない。穿孔人歯骨を身につけたのは、意識のなかでまだ亡き親族の死が完了しておらず、そのパワーが失われていない期間であったろう。人骨を焼くことは、徹底的な処理によって確実に死に至らしめ、祖先に集合させる意図からなされたのではないだろうか。

縄文晩期から弥生時代への移行期は寒冷な時期であり、中部高地地方、関東地方、南東北地方などの弥生再葬墓分布域では集落の数が急速に減っていった。祖先祭祀と通過儀礼の機能をもつ縄文文化の再葬を継承し、強化することによって危機的な変動期を克服しようとしたのが、この地域の弥生時代生き残り作戦であった。

4　大陸由来の祖先祭祀とその影響

†吉野ヶ里遺跡の墓地の構造

ここまで、縄文時代の伝統を受け継いだ弥生時代の祖先祭祀を、東日本の再葬墓を例にしてみてきたが、ここで一転して西日本の弥生時代の祖先祭祀のあり方を探ることにしよう。

佐賀県神埼市・吉野ヶ里町吉野ヶ里遺跡は、面積が四〇ヘクタールにおよぶ巨大な集落である。環濠《かんごう》内の北寄りにつくられた墳丘墓の上には、甕棺墓《かめかんぼ》という土器でつくった棺に遺体を納めた墓が一四基ある。中心の大きな甕棺墓のまわりを甕棺墓が取り巻くが、南側の六基には青銅製の武器が副葬されていたことからすると、墳丘墓はおそらく男系を中心とする一族の墓であろう。

この墓を目指すように、二列の甕棺墓が六〇〇メートルにわたって延々と続く。列と列の間は通路になっており、墳丘墓に向かう墓道のようである。墳丘墓と甕棺列の延長線上には大きな建物が、主軸方向を甕棺の列に一致させて建っている。

これらの遺構の時期は、墳丘墓が弥生中期前半で、甕棺の列が弥生中期前半から後半、大きな建物が弥生後期である。つまり、弥生中期前半の墳丘墓の延長線上に甕棺墓が列をなして築かれ、さらに後期に大型の建物が建てられたのである。

†中国由来の祖先祭祀

では、弥生後期に建てられた大型建物にはどのような役割があったのだろうか。遺跡を発掘した七田忠昭《しちだただあき》は、その規則性と遺構の時期から、墳丘墓は祖先の墓であり、この大型建物は祖先を祀るための施設ではないかと考えた〔七田二〇〇三〕。親族組織、世代の深度、記念物としての施設の存在から、これらが祖先祭祀のための一連の施設である可能性が高い。

また七田は、これらの施設が軸線上にあることを中国の影響とみなした。軸線上に建物を配列するという例は、日本列島ではそれ以前はまったくみられないので、どこかから伝わったデザインであり、朝鮮半島でもまだないことからすれば、その起源は中国にある可能性が高いとみてよいだろう。

佐賀県柚比本村遺跡の軸線上の施設
（七田 2003 より）

紀元前一〇八年に今の平壌《ピョンヤン》付近に楽浪郡《らくろうぐん》という漢帝国の郡が設けられると、中国の様々な文物が日本列島にもたらされるようになったが、それをきっかけとして新たな祖先祭祀のスタイルも流入したのではないだろうか。

漢代の祖先祭祀の影響

中国では、宗廟《そうびょう》という大型の建物で、祖先に飲食物をささげて霊魂を慰めるための祀りが盛大に行われた。

周代の青銅器や後漢代の墓石に描かれた宗廟はとても大きい。漢代に祖先祭祀は皇帝の王権を左右するまでに発達を遂げるが、それは、主権の正当性が祖先からの霊的な秩序によって保証されると考えられていたからであり、霊的な秩序を保つために祖先神を共同の飲食によって盛大に饗応、供養したのである。

佐賀県鳥栖市柚比本村《ゆびほんむら》遺跡でも、吉野ヶ里遺跡のような軸線上に配置された弥生中期前半の墓と中期後半の建物が検出されている。この遺跡では大型の建物の裏側に祭祀土坑群があるが、甕棺墓には真っ赤に塗られた高坏や壺、注口土器を伴う場合が多い。したがって、この祭祀土坑も死者儀礼に使われたものであり、儀礼が行われた場所は祭祀土坑の前にある大型の建物だったと考えられる。

このような墓に伴う大型の建物は宗廟であった可能性がある。そして、赤く塗られた土器は飲食儀礼に用いられたのではないだろうか。

この時期に墓と建物が軸線上に配置されたのも、青銅鏡など中国の文物をなかば独占的に入手して副葬したのも、北部九州であった。日本列島で大陸に最も近いという地理的な条件などが左右したのであろう。では、それ以東の西日本で祖先祭祀はどのように行われていたのだろうか。

大阪府池上曽根遺跡の独立棟持柱建物（和泉市教育委員会蔵、CG）

†近畿地方の大型建物

弥生時代には、近畿地方を中心として独立棟持柱《むなもちばしら》をもつ建物が多数検出されている。本を半分開いたような形の屋根を切妻《きりづま》造りというが、この本の背に相当する棟木《むなぎ》を両端で支えるための二本の柱が棟持柱と呼ばれ、それが棟木に直交する建物両端の梁《はり》のラインよりも外に飛び出したものを独立棟持柱という。

その独立棟持柱建物のスタイルが伊勢神宮などの社殿建築様式である神明《しんめい》造りと同じだったことから、これは弥生時代の神殿ではないかと議論を呼んだ。

議論の発端になったのは大阪府和泉市・泉大津市池上曽根遺跡から出土した独立棟持柱建物で、桁行《けたゆき》が二〇メートルにとどくほどの大きな掘立柱《ほったてばしら》建物である（図）。これが神殿だったかどうかをめぐっては賛否両論があり決着をみていないが、建物の前面に直径二メートル以上のクスノキをくり抜いた井戸が設けられていたことなどから、なんらかの儀礼的な施設であることはまちがいない。

†居住域での祖先祭祀

この独立棟持柱建物で行われた儀礼は、祖先祭祀ではないかと考えられるので、以下推理してみよう。

足柄平野のデルタ地帯に立地する神奈川県小田原市中里遺跡は、水田稲作を営む本格的な農耕集落としては関東地方で最も古い。弥生中期中葉であるが、それ以前の集落は台地上に点在する小規模なもので、第1章で紹介した大井町中屋敷遺跡はそのなかでも比較的規模の大きい中核的な集落である。中屋敷遺跡は再葬墓を営んでいるので、近隣集落の結集の原点といってよい。

中里遺跡からは一〇〇棟を超える竪穴住居跡が検出されている。それらの竪穴住居跡はいくつかの単位に分かれ、個々に環状をなしていることからすると、台地上の小集落が水田稲作という共同作業のために集合して集落がつくられたと推測できる。

住居群のほぼ中央には独立棟持柱建物が建っているが、小林青樹《せいじ》はこれを再葬墓の性格を引き継いだ建物と考えている。それが正しいとすれば、祖先祭祀の役割をも引き継いでいると考えられるのである。

弥生時代には外敵からの防御のために、居住域を溝で囲む環濠集落が成立した。その特徴は環濠に囲まれた居住域の外側に墓域を設けることであり、環濠の役割は居住域と墓域を分離することでもあった。

池上曽根遺跡の独立棟持柱建物は環濠、すなわち居住域の真ん中に建てられている。墓と建物によって祖先祭祀を行うという中国由来の形態をとる北部九州と異なり、近畿地方などでは大型建物を祖先祭祀の施設として受け入れる一方で、居住域で祖先祭祀を行う独自のスタイルをとるようになったのである。

†祖先祭祀の三つの形

以上、日本列島の先史時代における祖先祭祀のあり方を、縄文文化と弥生文化のなかに探ってきた。その結果として、弥生時代の祖先祭祀には三つの形態のあることがわかる。最後にそれをまとめて、それぞれの系譜や性格を整理してみよう。

縄文時代に定住生活が始まると、世代を超えて領域の資源など様々な財産を継承する目的で祖先祭祀が成立し、後期・晩期の環境変動に対処するために社会統制の役割を強めたが、東日本の初期弥生文化ではその伝統を強く引いた弥生再葬墓が営まれた。弥生再葬システムによる縄文系の祖先祭祀、これが一つ目。

弥生中期後半になると、大陸との交通の本格化に伴って大陸由来の祖先祭祀が導入された。北部九州で甕棺墓と大型建物を軸線上に配列した施設群による祖先祭祀、これが二つ目である。それは首長の地位を安定させる政治的な役割を帯びたまったく新しい祖先祭祀の方法であり、日本列島が東アジア社会の一員として古墳時代という政治的統合に向かって歩みを進めていく過程で導入された。そのパイオニアが、北部九州の勢力であった。

そして三つ目は、東日本と北部九州にはさまれた近畿地方であるが、建物で祖先祭祀を行うという大陸起源の祖先祭祀のスタイルを一部に取り込みながらも、居住域と墓が分離した生活のなかで、居住域の独立棟持柱建物において祖先祭祀を行うようになってゆく。関東地方では、弥生中期中葉に独立棟持柱建物での祖先祭祀が行われるようになるが、その際の独立棟持柱建物は、かつての弥生再葬墓を継承した可能性が指摘されている。それと関係する近畿地方の独立棟持柱建物、すなわち祖先祭祀の施設は、大陸系と縄文系の東西の中間的な固有の要素を備えていると言ってもよい。

弥生時代の祖先祭祀のありようも、山内清男のいう弥生文化の三つの視点から読み解いていくことが求められるのであり、それは弥生文化の多様性を理解する手がかりになるであろう。

第6章　不平等と政治の起源

1　複雑採集狩猟民の社会

†本章のあらまし

これまで述べてきたことを振り返りながら、縄文文化と弥生文化の社会のあり方の違いや継承関係をとりあえずここで総括することにしよう。

まず、縄文文化の特質を概観することからスタートするが、その際のキーワードは「複雑採集狩猟民」である。これは、採集狩猟の枠組みのなかで、その道具や技術、あるいは社会組織や儀礼などが高度化した人々を指す。

その特徴はいくつも挙げることができるが、なかでも注目されるのが社会の階層化である。弥生文化は年を重ねて古墳文化に移行する。古墳文化はその名の通り、巨大な墳墓を築き大量の副葬品を納めて支配体制のシンボルにしたのであり、これは階層化が支配のシステムにまで成長した結果である。こうした成長の過程は弥生文化のなかにあり、それは統治という政治の成長でもあった。

したがって、人々の格差、不平等がいつどのようにして始まり変化したのかがこの章の主要な課題になる。それを縄文文化と弥生文化における墓と副葬品の性格を比較しながら探っていくことにしよう。

†世界のなかの縄文文化

世界に目を向けると、西アジアや中国などは完新世の始まりとほぼ同時に農耕を開始している。更新世は氷期で、人々は大型動物を追いかける遊動生活を営んだが、完新世の温暖化によって定住生活に移行した。西アジアや中国などではその後まもなく農耕生活に入るので、旧石器時代（打製石器を用いた狩猟採集経済）と新石器時代（磨製石器を用いた農耕経済）の境が比較的明瞭である。

それに対して日本列島では、完新世になって定住生活が始まっても農耕社会には移行せずに、特異な新石器文化を形成した。それが一万年以上にわたる持続可能社会を築いた縄文文化である。

農耕に依存しないのだから、自然の恵みに頼らざるを得ないわけで、この時代の人々は自然の資源を利用する生活技術に磨きをかけた。縄文文化が自然への適応を高度化させたと言われるゆえんである。逆にいえば、自然の資源、四季の恵みが豊かであったため、農耕への移行の必然性がなかったのかもしれない。

†生活技術の高度化

縄文文化は、落葉広葉樹林帯に属し、寒流と暖流が交わり海洋資源が豊富な東日本で発達した。二〇二一年に世界遺産に登録された北海道南部から東北地方北部の縄文前期〜晩期の文化などはその典型である。おびただしい数の竪穴住居や大きな集落は、定住生活の発展を物語る。

生活技術の高度化としては、マグロやオットセイ、クジラなど大型の魚類・哺乳類を捕獲する骨角器が発達し(第2章)、狩猟具の発展も特に後期以降に石鏃の増加などからうかがえる。漆工芸やカゴ細工も縄文早期からあり、非常に高度な水準に早くも到達していた。

縄文文化は植物質食料を基礎にしているが、前半期にクリを中心として後半期にそれにトチノキを加えて豊かな植物食料資源を利用した。トチノキの実はアク抜きをしなくては食べられず、そのためのアク抜き技術に磨きをかけて、水田稲作システムに匹敵する工程を確立した（第1章）。

各地の土坑から堅果《けんか》類の貯蔵跡が見つかっている。計画的な食料貯蔵によって、資源の枯渇を回避し、余った分を翌年以降にまわすことができるようになり、自然依存社会のリスクが低減された。製塩がはじまる後期以降は塩蔵の貯蔵も行われるようになり、内陸ではサケの燻製《くんせい》なども行われて保存されたことであろう。

また、自然の恵みにたよるだけでなく、自然を人為的に改変していく積極性も身につけるようになった。

例えば、管理栽培のノウハウがないと維持できないウルシ栽培は縄文早期に始まった。中期以降、クリの木を人間が管理して大きな実をつけるようにしていたこともわかっている。さらに縄文早期からアサなどが栽培され、ダイズは中部高地地方などにおいて縄文中期の文化の発展を支えた。嗜好品や場合によっては腹持ちのよいマメ類の栽培に乗り出したのは、定住生活の結果といってよい。

しかし、穀物栽培は手間暇を食うので晩期終末になるまで手をつけなかった（第1章）。穀物生産システムは一年を通じてそれに関わらなくてはならず、四季の循環に依存した自然のシステムと対立するため、採集狩猟社会のメカニズムが結果的にそれを抑制したのであろう。

†縄文社会の仕組み

採集狩猟社会でも、ある程度の人口の増加があったことは、縄文早期から前期に早くも集落の規模が大きくなったことからわかる。竪穴住居や貝塚を集落のなかにどのように配置していくかといった社会の決まりごとができてくるのは、そうした定住生活の結果であった。

それはまた、ムラのなかやまわりの集落、地域における人間関係の複雑化を意味する。それに伴い、親族組織も複雑化していった。身近な資源を排他的に有効活用するためにテリトリーが生まれ、それを子々孫々に伝えていく。つまり、財産の継承をスムーズにするために、リネージ（出自集団）や氏族といった親族組織が整えられ、それを基軸に祖先祭祀が縄文前期に芽生え、後期にはできあがった。それは、環状集落や環状列石から推測される（第5章）。環状列石は墓地であると同時に、規模の大きな精神のよりどころ、すなわちモニュメントでもあった。

祖先祭祀など様々な祭祀に伴う儀礼が発達し、数々の呪具が成立したのも縄文文化の特徴である。土偶、石棒、土版、岩版、独鈷石《どっこいし》など、得体の知れない遺物に縄文人の深層心理の複雑さがうかがえる。耳飾りや腕輪、腰飾り、あるいは抜歯などの身体装飾も、単に華やかさを競うだけでなく、通過儀礼による社会の決まりが厳しかったことを物語る（第4章）。第9章で述べるが、土器に様々な文様がつけられ漆やベンガラが塗られることも、縄文文化の特徴である。

長い期間にわたる縄文時代には、様々な紆余曲折があった。自然を改変しつつも基本的にそれに依存する社会では、自然環境の変化に対するもろさや不安定さは否めない。縄文中期から後期の移行期、また晩期などの気候寒冷化が襲った期間には、著しい人口減少を引き起こした地域もある。縄文社会は決して安定したパラダイスではなかった。

しかし、そうした社会的な危機に対しては、例えば集団を分散化させて利用資源を相対的に増やす一方、それにより血縁組織の紐帯《ちゅうたい》が弛緩したときは、祖先祭祀を強めることで乗り切ろうとしたように、危機に対応して社会を維持するための仕組みも徐々に整っていったであろう（第5章）。

近隣の村々との交渉はもとより、遠隔地との結びつきも強めた。三内丸山遺跡に運ばれた新潟県のヒスイやサハリンにまでもたらされた北海道産の黒曜石がそれを示している。

縄文後期終末の北海道恵庭市カリンバ3遺跡から出土した漆塗りの櫛などの副葬品は、数多くの墓のなかでもごくわずかしか見られない。これから述べるように、弥生時代の墳墓と副葬品とはまた別の意味があるが、縄文時代の社会は単純で平等な社会ではなかったことがわかる。

その一方で、北海道洞爺《とうや》湖《こ》町入江貝塚の人骨が示すように、筋萎縮症の肢体不自由者を成人になり亡くなるまで面倒を見ていたこと（図）や、専門の武器がなく、争いで亡くなった人は一〇～二〇人ほどと弥生時代の一〇分の一程度に過ぎないことなどからすれば、争いが相対的に少ない社会を築いていたことも縄文社会の特徴として重要だろう。

北海道入江貝塚の筋萎縮症の埋葬人骨（洞爺湖町教育委員会）

†複雑採集狩猟民とはなにか

一九六〇年代の前半に、シカゴで開催されたMan the hunterというシンポジウムは、採集狩猟社会の見直しがテーマだったが、そこで文化人類学のエルマン・サーヴィスが、affuruent foreger つまり「裕福な採集狩猟民」の存在を示し、これまで狩猟民に貼られていたレッテル——

その日暮らしでみすぼらしい——というイメージをくつがえした。

生活や社会の様々な局面で複雑化を遂げている採集狩猟民を、「複雑採集狩猟民」(Complex hunter gatherers) と呼んでいる。アメリカ北西海岸を基盤に研究を進めたケネス・エイムスのまとめに手を入れて複雑採集狩猟民の特徴を列挙すれば、以下の通りである〔エイムス、マシュナー二〇一六〕。

①半定住ないし完全な定住（堅牢な家屋や井戸などを伴う）
②食料の加工と貯蔵を基礎にした経済（所有され、管理され、分配される財産の一形態）
③世帯を基礎にした経済（資源などのあらゆる富を利用する権利を管理する）
④生業の多角化と集約化（たくさんの食料資源のレパートリーを開発する一方で、より生産的な資源に焦点をあてて労働力を投下して集中的に収穫と加工と貯蔵を行う）
⑤自然の改変（森林の火入れなどにより、自然の生産性を高める能動的な働きかけ）
⑥技術の複雑化（資源の効率的な収穫のための道具の開発）
⑦人口の多さと人口密度の高さ（アメリカ北西海岸の共同体は一〇〇人から二〇〇〇人、場合によっては三万人になることもある）
⑧職業の専門化（アメリカ北西海岸の多くの人々は、様々な工芸などの職業の専門家である）

⑨複雑な人間関係（結婚などによる親族の結びつきとそれを維持するための儀礼の発達、遠距離交易網による地域をこえた社会的経済的な結びつきの恒常化）

⑩社会階層化（高い地位と名声と権力さえ伴う恒久的な指導者がいる）

†縄文文化の東西差

奴隷までいるアメリカ北西海岸のネイティブ・アメリカンなどは、複雑採集狩猟民の典型的な例である。エイムスは、縄文文化も複雑採集狩猟民の文化に加えているが、上述の縄文文化概観からもそれは妥当である。しかし、これには注釈が必要だ。つまり、日本列島全域の縄文文化を俯瞰すれば必ずしも上の特徴に当てはまらない時期や地域などが多々ある。

まず、縄文草創期と早期はまだこの段階とは言えない。前期以降、複雑採集狩猟民化が著しくなるのは主に東日本であり、西日本は部分的である。それは④、⑦〜⑨などに顕著に表れている。縄文時代の集落の規模を分析した山田康弘は、西日本の集落は概して小ぶりであることを指摘しており、東日本との大きさの差が著しい〔山田二〇〇二〕。

このような東西の差がなぜ生まれたのか色々と考えられるが、④に注目して東日本にはブナ・ナラ林の落葉広葉樹林帯が多く、それに対して西日本には照葉樹林帯が多いという、食料資源の偏在が生み出した側面はしばしば指摘される重要な要因である。しかしそれだけではない。

泉拓良《たくら》は、東西の資源獲得の差を、資源の種類の数に応じた収穫時間の長短に求めた。つまり、資源の種類が少ない東日本では、短期間に多量の資源を収穫するために集約的な労働を必要とするので集落の規模が大きくなったり求心的になるのに対して、資源の種類が多い西日本ではそれがおさえられるという〔泉一九八五〕。第1章で述べた、トチノキの実の利用などがその典型例である。

利用資源の多角化という縄文文化通有の生業戦略に、東日本ではより生産的な資源に焦点を当てて集中的に活用する集約化戦略が加わっていることが、東西の集落の規模の差一つにも反映しているのであろう。

複雑採集狩猟民の特徴と、上で述べてきた主に東日本の縄文前期以降の文化と社会の特徴とは一致点が多い。それらの多くは、もちろん弥生時代の文化と社会にもあてはまるが、そうなると縄文時代との差が問題になる。次に、⑩の「社会階層化」を取り上げてみよう。

2 トランスエガリタリアン社会と縄文社会

†縄文時代の階層差

縄文時代は果たして平等な社会だったのか。戦前の歴史学では、社会問題を扱うこと自体が思想弾圧によって困難な状況にあったが、禰津《ねづ》正志《まさし》などはマルクス主義の史的唯物論の影響のもとに、縄文社会を原始共産社会ととらえ、私財はなく貴賤や貧富の差がほとんどない社会だと論じていた。

戦後、マルクス主義史観に立つ人のなかにも、狩猟や漁撈などで個人の技術の優劣が社会に格差をもたらしたとする和島誠一や、個人的な能力など社会的な地位の高低を量的に判断するブルジョア社会学的な観点からすれば縄文時代にもある程度の階層差は存在したとする都出比呂志《つでひろし》らの意見も現れた。

佐々木藤雄は縄文時代の貯蔵穴を分析して、貯蔵が縄文社会に不均等をもたらしたと鋭く切り込んだ〔佐々木一九七三〕。しかし学界の反応は鈍く、人が人を支配する制度的、質的な階級差はないという理解によって、縄文時代に予見された階層差まで押し隠され、縄文社会は平等だという観念がなんとなくついてまわっていた〔小杉一九九一〕。

転機が訪れたのは、一九九〇年代のはじめに渡辺仁《ひとし》が専門の人類学をもとにして提唱した「縄文式階層化社会論」である。渡辺は専門領域の人類学の所見をもとにして立論した

〔渡辺一九九〇〕。

例えば、渡辺は狩猟民と漁撈民の間に地位の差があることをアイヌ民族の社会に見出すのだが、それは漁撈が生み出した余剰に支えられて狩猟系の家族が名声を獲得するために漁撈系の家族よりも優位な立場に立つというメカニズムによるという。また、地位の違いは財の保有のアンバランスに表れ、縄文土器の優品は上流階層の威信財ではないかとした。

渡辺の意見は縄文時代の階層化問題を明るみに出したことに意義があり、考古学の側から支持する意見もある。

その一方で、今村啓爾《けいじ》のように、縄文土器の技術の差は精製土器と粗製土器の用途機能の差に還元できるものであり、また火炎土器など豪華な土器の存在は一部の地域の特定の時期の現象に過ぎないので、縄文社会に恒常的な特定階層の存在や階層差を導くことは難しいとする慎重派も生んだ〔今村一九九九〕。

†トランスエガリタリアン社会とは

いわゆる未開社会における「階層化社会」の定義は難しいが、高橋龍三郎によると、階層化社会は富や資源、社会的地位への接近に対して社会的な格差があり、それらの利益に対して権利の世襲がなされ、リーダーを頂点として社会が組織化されて、社会的な不平等が顕著である社会を指す。

アメリカの考古学者ブライアン・ヘイデンは、部族社会において平等社会から階層化社会への道のりの半ばにある社会を「トランスエガリタリアン社会」つまり「階層化過程にある移行社会」ととらえている。高橋は、ヘイデンらの意見を踏まえてその概念を縄文社会の階層化問題を議論できるように整理したが、それによれば以下の一〇項目が指標になるという〔高橋二〇〇四〕。

①実用を超えた規模の製品や豪華な装飾をもつ器物の出現（エラボレーション）
②戦争の証拠
③贈与交換の痕跡
④祭祀・儀礼の執行
⑤先祖祭祀の事例
⑥大型施設の有無
⑦親族組織の分節化
⑧威信財的なレガリア（位階表示装置）の有無
⑨子どもの厚葬

⑩墓における特別な施設、副葬品または佩用品の格差

①の「エラボレーション」とは、その製作に多大なエネルギーを費やす凝ったつくりの贅沢品とそれが首長の独占品になるような贅沢規制をいう。このうち、④⑤⑥⑦については前章で多少なりとも触れたので、ここでは①②⑧⑨⑩に関する縄文時代の考古学的な事例を検討し、弥生時代と比較する素材にしておきたい。

†性別による偏り

社会のなかで人々の位置づけは様々に展開する。階層化を問題にすれば、地位の上下だから当然それは垂直的な区分である。親族組織による帰属集団や性別、年齢などの生得的な区別は本来水平的だが、有力氏族や男女格差、年齢階梯など、権力的な側面が加わると容易に垂直的区分に転化しうるので単純ではない。

考古学でそのことを分析する際には、例えば墓に葬られているのが男性か女性か、そしてどちらに副葬品や装身具があるのか、そこに優劣はあるのかといった出土状況のコンテクストで判断し、比較していく他ない。

第4章で取り上げた大阪府国府遺跡は大正時代に発掘調査されて、多くの縄文人骨が出

土した遺跡として知られている。そのなかに、縄文前期の玦状耳飾りを装着した人骨が数体あった。三〇例あまりの人骨がすべて同じ時期のものとは限らないが、このうちの六体に玦状耳飾りが伴っている。そのなかで性別がわかる三体はすべて女性であった。

富山市小竹《おだけ》貝塚から九一体もの縄文前期の人骨が出土したが、多くの人骨に装身具や副葬品が伴っている。それによれば、男性には牙玉《きばだま》、磨製石斧、石匙《いしさじ》、骨角製刺突具が伴い、女性には玦状耳飾り、鳥骨製管玉、骨製垂飾《すいしょく》、凹石などが伴う。性別による水平的な区分がなされているようであり、国府遺跡の玦状耳飾りもただちに女性が優位な証拠にはならない。

しかし西口陽一は、国府遺跡の玦状耳飾りをみると出来不出来の差があることに着目し、女性のなかに格差があることを指摘している〔西口一九八三〕。それを認めれば、縄文前期に不平等が始まっていたといってよいだろう。

†有力な家系

縄文中期の静岡県島田市駿河山遺跡は、いくつかの土坑墓が集まって墓域を形成し、いくつかの墓域によって墓地が構成されている。そのなかの一つの墓域の二基の土坑墓からヒスイの大珠が出土した。

墓地のなかの墓域は埋葬小群と呼ばれ、集落でいうところの分節構造の反映であることは前章で述べた。分節構造は、氏族といった家系を示すと考えられるので、ヒスイの大珠《たいしゅ》を伴う埋葬小群は、他の家系より有力だった可能性がある。

第4章で土製耳飾りを分析して、無文と有文の差があることや有文にも簡素な文様と精緻な文様の差があることをみてきた。土器型式の広がる範囲のなかでは、耳飾りもほぼ共通の文様をもち、文様のバリエーションも似通っている。土器型式圏が異なれば、つまり一〜二県ほど隔たると文様のタイプも異なる。

土器型式圏が部族の範囲を示すという説に従えば、一つの集落のなかで異なる文様の意味は部族よりも小さな単位、例えば家系といった違いの表示である可能性がある。そして、共通する文様の耳飾りに小さなものから大きなものまであるのは、あらかじめつける文様が家系に応じて異なっていたからではないだろうか。そしてそこに精粗の差があるのは、家系の間に格差があったからだという可能性も考えなくてはならない。

それは別の面からもうかがい知ることができる。近畿地方や三河地域には、上顎の切歯四本に刻みを入れる叉状研歯《さじようけんし》の風習が縄文晩期にあった。叉状研歯のある人骨は集落で抜歯されたものの二割ほどであり、特定の個人というわけではないが特殊な身分表示であるといえる。

春成秀爾は、十代で叉状研歯がなされた人骨を認めた。叉状研歯はかつて長老の表示とされていたが、そうではなくて個人の能力を超えたところで決まっていたのである。このことは、縄文晩期に既に特定の身分が世襲される家系が存在していたことを示している〔春成二〇〇二〕。

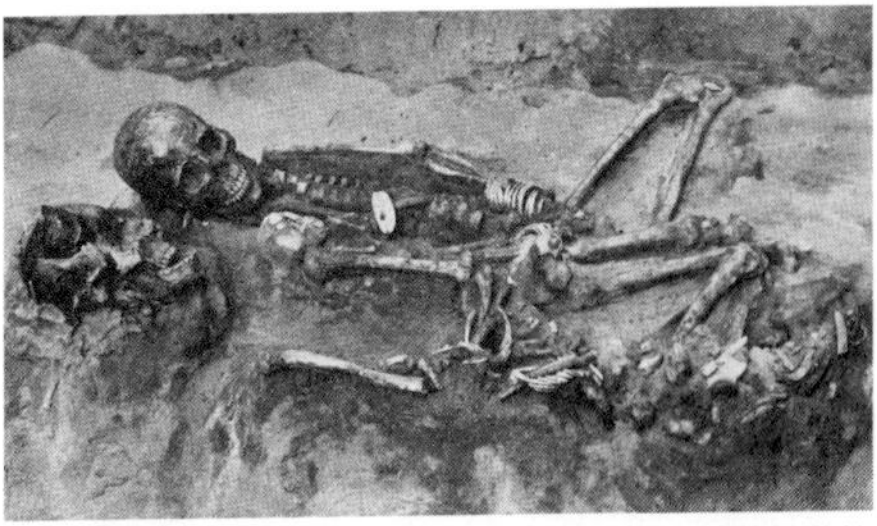

福岡県山鹿貝塚の合葬人骨（九州大学医学部解剖学教室編 1972 より）

†呪術者か族長か

福岡県芦屋町山鹿《やまが》貝塚では、縄文後期の成人女性二体が乳児を挟んで向き合って埋葬されていた（図）。

二体ともに数多くの装身具を身にまとっていたが、特に二号人骨に顕著である。サメの歯製の耳飾りをつけ、左右の腕に五個と一四個の貝製腕輪をはめ、胸にはペンダントであろうヒスイの大珠を下げており、さらに鹿角製の儀杖が置かれていた。三号人骨はやや見劣りがするものの、同じくたくさんの貝輪をつけ、頭に笄《こうがい》をさしていた。

不思議なことに二体とも鎖骨や胸骨、肋骨がなく、三号人骨は脊椎骨もない。手足の先の骨は残っているので、抜かれたと考えられている。さらに、三号人骨の足の下に二号人骨の寛骨《かんこつ》が置かれているので、二体は同時に死亡したわけではないこともわかる。二号は埋められることなく墓坑に置かれ、骨化したのちに骨の一部が取り外され別置されて三号が追葬されたのである。

こうした呪術的な措置から、二体は呪術者であったと考えられている。豪華な装身具も呪術に必要な道具だった可能性がまず考えられよう。しかし、それだけではない。墓地からは他に二〇体ほどの人骨が出土しているが、この三体が墓地の中心に位置していることが指摘されている。これらが呪術者兼族長であったという前川威洋《たけひろ》による分析は妥当であり〔山鹿貝塚調査団一九七二〕、したがって、装身具は呪術具であるばかりでなく、ムラを治めるための、つまり政治の際の権威の象徴でもあった。

装身具の差異が示すもの

ここまで、性、家系、長といった視点から埋葬事例をみてきたが、それらの要素がまとまって表現されている墓地が、北海道にある。

恵庭市西島松5遺跡は、縄文後期後葉から晩期初頭にわたって、多数の墓坑が築かれた墓地遺跡である。墓坑からは数々の装身具が出土したが、それが顕著になるのは後期終末である。後期終末と晩期初頭では墓域が異なるので、ここでは後期終末に限って報告書に従ってその特徴をまとめておく。

なお、数多くの副葬品をもつ墓を「多副葬墓」というが、この場合は副葬品ではなく装身具なので、正確には多副葬墓と呼べない。しかし、正装して埋葬されることに意味があり、あの世にたくさんのものをもたせる点は類似しているので多副葬墓の一種とみておく。

北海道西島松５遺跡の漆塗櫛（北海道埋蔵文化センター編 2009 より）

後期終末の墓域は一〇〇基からなり、一〇〜二〇基で九つの小群を形成している。小群の多くは墓坑が列をなすようにして細長い墓域を構成し、東西に連なっている。これらは東西で二分され、西が古く東が新しいとされる。東西とも四群の小群からなり、中間の一群は時期の判別が困難とされるが、東群に隣接するのでこちらに含めておきたい。

墓坑から出土した装身具で目を引くのが、漆塗りの櫛、サメの歯を並べた頭飾りやネックレスなどの装身具、玉類である（図）。どの小群にも、櫛を伴う墓坑が一〜二基ある。それにも二種類あり、A類＝櫛＋サメの歯の墓坑とB類＝櫛のみの墓坑である。西群はいずれもA類墓坑が伴い、東群はA類を含む小群二群とB類を含む小群三群からなる。西群に近い一小群がA類墓坑で構成されているのは、古い様相を引き継いだ結果かもしれない。A類墓坑を含む小群にはサメの歯だけ出土した墓坑が数基伴うが、B類墓坑を含む小群はそれがない。A類ないしサメの歯だけが出土した墓坑は遺体のそばに磨製石斧やナイフが副葬される場合があるが、B類の墓坑にはない。したがって、サメの歯は男性の装身具であった可能性が高い。一方、男性が櫛をさしていた例は北海道根室市初田牛《はったうし》遺跡にあるので、櫛をさしてサメの歯の装身具をまとったのは男性の可能性がある。

この見方が正しければ、後期終末でも新しい時期の東群の五つの埋葬小群は、女性が家長の二群と男性が家長の三群から成り立つことになる。

ヒエラルキーとヘテラルキー

櫛を伴う墓坑には、首飾りなど一連の玉類も伴うものが多い。エラボレーションが強烈な漆塗りの竪櫛《たてぐし》は、各小群の一〜二代の家長のシンボルであったろう。小群には、サメの歯のみ、玉類のみ、そして装身具のない墓坑も含まれている。

小群はいわゆる埋葬小群であり、世帯すなわち家系を示すものであるとすれば、複数の家系が装身具で表示された一定の序列のもとに編成されていたと考えられる。

このように、西島松5遺跡はいくつかの家系の長が優れた装身具を身につけていたが、それらの間では特に秀でた装身具をもつような格差はない。装身具の数の多さで多少の差はあるものの、種類と組み合わせからすればほぼ横並びである。これらの人物の墓坑は、装身具のない墓坑と大きさや形に大して差がなく、同じ墓域に葬られている。

松木武彦によれば、特別に秀でた一人ないしごく少数の頭を戴く階層構造の社会をヒエラルキー社会(寡頭社会)というのに対して、頭が多い階層構造の社会をヘテラルキー社会(多頭社会)という〔松木二〇〇七〕。西島松5遺跡は後者であり、いわば集団指導体制による政治を行っていたのであろう。同じような墓はカリンバ3遺跡でも見つかっている。少なくとも道南地方では縄文後期終末に平等社会とヒエラルキー社会の間にある、トランスエガリタリアンのヘテラルキー社会が形成されていたと考えてよい。

西島松5遺跡を例にとって、縄文後期終末のヘテラルキー社会をみてきた。漆塗りの櫛を中心とした多副葬墓は縄文晩期にも受け継がれるが、ほとんど北海道南部に限定的である。

しかしそれは北海道以外の東日本にまったく階層化がないことを示すものではなく、階層化の表現がたまたま道南地方で多副葬墓という視認できる状態で顕著におさえられたからかもしれない。漆塗りの櫛自体は東北地方から関東地方に広がるし、関東地方には縄文晩期に石剣と壺形土器や注口土器を副葬した墓が現れ、多副葬墓の要素が南下しているからである。

歴史に「もし」は禁物とされるが、あえてもしも縄文社会が弥生社会に移行しなかったら階層化はどうなったか、考えてみよう。

そのヒントは「続縄文文化」にある。続縄文文化とは、本州が弥生時代になって以降の時代に、北海道に存在した土器文化を指す。農耕化することなく採集狩猟文化が続く一方で、東北地方北部の弥生土器とよく似た縄文の多い土器がつくられた。

続縄文文化前半の遺跡の墓には、多副葬墓が目立つ。コハク玉を大量に副葬した墓や、使っていない石鏃を大量に納めた墓、漆塗りの飾り弓と箱に入れたであろう石器を伴う墓など、様々である。このように多副葬墓は副葬品の種類が異なっていることからすると、家長あるいは族長をはじめとする階層分化は、何らかの役割や性格の違いによってなされているようであり、縄文時代からの発展がうかがえる。だが、いずれにしても縄文後期・晩期の集団指導体制を引き継ぎ、ヘテラルキーが継承されていたようだ。

3　弥生時代の不平等と政治

†前方後円墳の特質

　ここまで、縄文時代の不平等と政治のあり方を瞥見してきたが、今度は弥生時代のそれと比較する。論を進めるにあたり、まず古墳時代に目を向けることにしよう。古墳を代表する前方後円墳と弥生墳丘墓の間には飛躍的な違いがあるものの、弥生墳丘墓も格差社会の進行とともに推移し、前方後円墳はその過程を経て誕生したからである。

　弥生墳丘墓を古墳に含めるべきという意見もあるが、本書は古墳時代を専門に扱ったものではないので、そのあたりの議論はせずに、奈良県桜井市の箸墓《はしはか》が三世紀半ば頃に築かれた最古の前方後円墳との立場から述べることにする。

　古墳には、前方後円墳を頂点として、前方後方墳、円墳、方墳という具合に墳形と大きさによって格付けられた階層序列がある。箸墓は墳丘の全長がおよそ二八〇メートルであり、それ以前の最大の墳丘墓が一〇〇メートルほどであったことからすれば、大和地方はもとより倭国全体でも隔絶した規模をもつ。地方や地域で最大の前方後円墳の被葬者も、もちろんその地方や地域の代表者であり、あるいは支配者であった。前方後円墳の被葬者は、一人ないしごく少数である。

　初期の前方後円墳は、長大な竪穴式石室や粘土《ねんど》槨《かく》に割竹形《わりたけがた》木棺をセットした画一性をもち、三角縁神獣鏡《さんかくぶちしんじゆうきよう》を中心とした大量の鏡や鉄製農工具、武器、玉類を副葬する場合が多い。

前方後円墳の墳丘の規格の研究によって、大和地方の前方後円墳と相似形である古墳に対して、それは各地の首長がヤマト政権の傘下に入っていった証であるとする意見がみられるようになった。一方、同型の三角縁神獣鏡が各地の首長間で分有されていることを、交易者同士の同盟が結ばれていた証とみて、ヤマト政権と地方の首長との比較的緩やかな結合の仕組みを前方後円墳網に与える意見もある〔岩崎一九九〇〕。

ヤマト政権の力量の理解に振れ幅はあるが、前方後円墳の被葬者である首長を頂点としたピラミッド型の階層構造をなすヒエラルキーが、日本列島の広い範囲の各地で墳墓の形や埋葬施設の構造と副葬品の規格性を共有しつつそれにもとづいて成立していった点に、前方後円墳の性格が凝縮している。

†弥生時代の墓の変遷

弥生時代の人々の格差のあり方も、やはり埋葬から追究されてきた。およそ五〇年前に高倉洋彰《ひろあき》が示した、一人の被葬者を原則とする古墳へと発展していく墓の変遷の図式は、もう古典の部類になったがいまだにテキストとして有効である〔高倉一九七三〕。

高倉は、北部九州の弥生時代の墓を代表的な遺跡の事例にもとづいて四つの類型に分けた。それは、①伯玄社タイプ、②汲田《くんでん》タイプ、③立岩タイプ、④宮の前タイプである。

①は弥生前期のもので、墓の群構成が顕著でなく、副葬品は土器や石製の武器などがあるくらいの墓地、②は中期初頭に現れ、墓地がいくつかの群からなり、一部の群に青銅器の副葬がみられる墓地、③は中期後半に現れ、特定の男性の墓に多数の中国鏡など青銅器や鉄器が集中する墓地、④は後期後半に現れ、墳丘を伴う墓の中央に盟主的な有力者を埋葬し、周囲にその近親者を葬る墓地である。

その後の調査と研究によって、①段階以前の弥生早期の福岡市雑餉隈《ざっしょのくま》遺跡から、磨製石剣と壺形土器を副葬した墓がいくつかみつかった。これをここでは、⓪段階としておこう。②の段階では福岡市吉武高木遺跡のように③に近いタイプが出現していることや、青銅製の武器をもつ男性を中心とした一族を埋葬した吉野ヶ里遺跡の墳丘墓のように、③や④の性格の萌芽的な墓が②のすぐ後の弥生中期前葉に出現していることも知られるようになった。

吉武高木遺跡の墓は、武器を副葬した墓が玉など装身具だけ伴う墓よりも大きくつくられ、吉野ヶ里遺跡の墳丘墓の中心の墓には銅剣が副葬されているのが注目される。

†弥生時代の不平等の由来

前節で縄文時代の多副葬墓の一種を紹介して、そこに不平等の構造を垣間見たが、弥生時代の諸例や諸段階と比較すると色々と示唆的なことがわかる。

まず、⓪～②の段階に武器が副葬されていることである。これらはいずれも朝鮮半島からもたらされた武器に起源をもつ。それ以降も重要な副葬品であり続け、また男性の権威の象徴となるように、縄文時代の埋葬内容との違いを際立たせている。

しかし、②段階の汲田遺跡までにみられる、少数の副葬品による似たような内容の墓が、数は少ないもののいくつかの墓群に存在する横並びの状況は、特定の世帯の長が突出しないいわゆる「ヘテラルキー」の状態にあったこと、すなわち階層分化が未熟であったことを示す。

一方、同じ②段階で、吉武高木遺跡M3号墓は、剣《けん》・矛《ほこ》・戈《か》という青銅製武器の三点セットに鏡と玉類が伴うという他の墓と隔絶した傾向をみせるようになり、この傾向は③の立岩遺跡でより顕著になる。③の画期は、それまでの朝鮮半島との交渉から紀元前一〇八年に設置された楽浪郡との交渉の変化がもたらしたものであり、弥生時代の国際交流の軸足の変化という大きな画期でもあった。

武器の副葬と関わる戦争の発生と、朝鮮半島や中国とのパイプの増強という、いずれも大陸の社会との関係によって、階層化の度合いや質が縄文社会と違った段階へと導かれていったのだが、次に、この二点が階層化の変化に果たした役割を述べることにしょう。

†男性と戦争

縄文時代の殺傷人骨は一〇～二〇例ほどで、事例の大半が中期以降、特に後期・晩期に増加する傾向がある〔内野二〇一三〕。損傷は、石鏃ないし石斧によるが、頭蓋骨の損傷の形が斧の断面に似ているからというのは、認定の理由としてはやや弱い。また、狩りの際に弓の誤射で打ち込まれた石鏃もあろうし、偶然の損傷とみたほうがよい例もあろう。逆に痕跡の分析不足により、実際の殺傷人骨の数はもっと多いかもしれない。

縄文時代には、専門の武器はない。石鏃や石斧など、尖っていて重量のある武器になりそうな道具はたくさんあるが、目的をもって武器をつくるのとそうでない違いは大きい。これまでに明確な埋葬状態できちんとデータ化された縄文時代の人骨は二五〇〇体以上あるが、問題はそのうちの二〇例ほどという殺傷人骨の数をどう理解するかである。

縄文時代と弥生時代の埋葬人骨の総数はわかっていないが、山田康弘の教示によれば、散乱骨を含めると縄文人骨の方が圧倒的に多いという。人類学の中橋孝博《たかひろ》が集成したデータは一九九六年のもので、弥生時代の殺傷人骨はこのときすでに一〇〇例近くあったが〔中橋一九九六〕、現在は事例が増えて二六〇例以上に達している〔橋口二〇一二〕。母数を同じにしたとしても、縄文時代の二〇倍はある。縄文時代は相対的に殺戮が少なかったのに対して、弥生時代になるとそれが活発化したことが読みとれる。

北部九州地方における弥生時代の殺傷人骨の分布の変遷から、戦争は弥生前期に福岡平野に集中していたのが弥生中期には内陸に分布の中心が移動したことが説かれている。沿岸部の平野の開発とともに戦争が始まり、開発が一段落すると新たに開発が集中する地域に戦争の主体が移っていったのであり、このことは水田稲作をめぐる水利権や可耕地をめぐる紛争を予測させる。

弥生早期から墓の副葬品に専用の武器が含まれるようになるが、福岡県糸島市曲り田《まがた》遺跡で発掘された磨製石鏃を打ち込まれた人骨から、弥生時代開始当初から実生活で戦争があったことがわかる。殺傷人骨は圧倒的に男性が多く、戦争は男性が担っていた。統治の仕組みの中に戦争という暴力が加わっていったのであり、北部九州では男性が力を増していく傾向が吉武高木遺跡や吉野ヶ里遺跡の墓からわかる。

武器の系譜をみれば、戦争は新しい文化のシステムとして大陸からもたらされ導入されたとみてよい。首長墓に武器が副葬されていることは、首長の権威の源泉と役割を物語る。

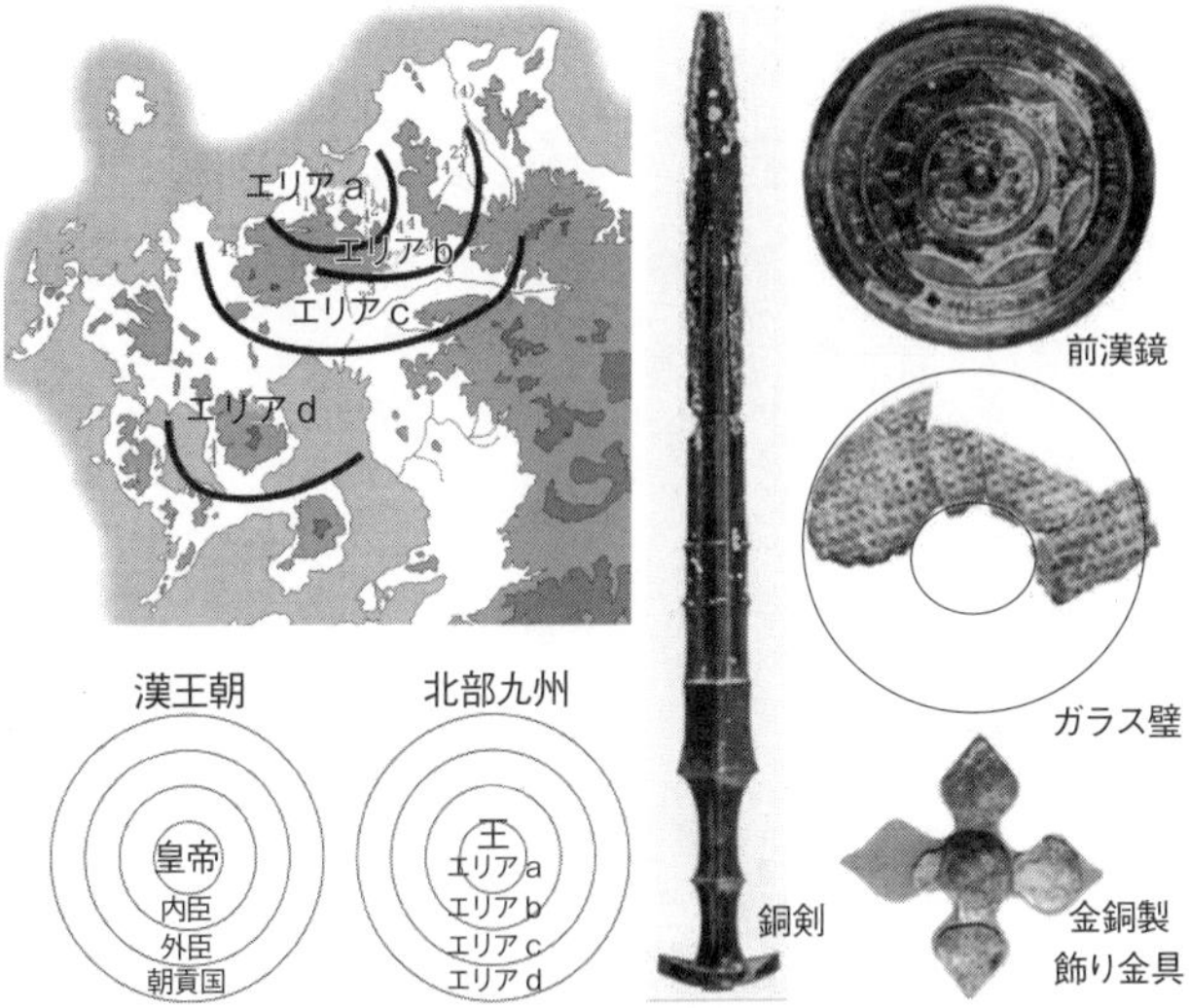

左（上・下）：北部九州の弥生墓の階層構造（中園 2005 より）、右4点：福岡県三雲南小路遺跡の副葬品（糸島市教育委員会）

†同心円状の階層構造

下條信行《しもじょうのぶゆき》や中園聡《なかぞのさとる》は、③段階の弥生中期後半に、北部九州の甕棺《かめかん》墓《ぼ》に納められた鏡やガラス製品の数と大きさを調べて、面白い傾向をつかんだ（下條一九九一、中園一九九一）。それは、銅鏡を三〇面も副葬するような福岡県春日市須玖《すぐ》岡本《おかもと》遺跡や糸島市三雲南小路《みくもみなみしょうじ》遺跡の甕棺墓を中心として、同心円を描くように周縁地域の墓に質と量を低下させた副葬品を伴う墓が広がる傾向である（図）。

一種の中華思想の表れとみなせるこの同心円は、その中心人物、つまり地域の頂点に立った首長とその元でのヒエラルキーを示す。第2章で述べたように、海人集団に働きかけて渡海し生活必需品や威信財をもたらす首長の経済活動が鏡という副葬品に表れていると同時に、武器という副葬品に戦争の指揮者としての首長の政治活動が反映している。

一世紀につくられた『漢書』地理志によると、倭人の社会は百余国に分かれていたが、三世紀の『魏志』倭人伝では三〇国ほどになる。これは弥生中期から後期に統合が進んだ証とされており、中期後半から後期の環濠集落や高地性集落の増加もそれを物語るであろう。『魏志』倭人伝に記述がある、二世紀後半に西日本一帯を巻き込んだ大規模な抗争の「倭国乱」は、その実体がよくわかっていないが、同時代の鳥取市青谷《あおや》上寺地《かみじち》遺跡で一〇〇体ほどの散乱人骨が出土して、その多くに傷を負った痕跡が残されていた事例などは、倭国乱を考える手がかりになる。

同心円のヒエラルキー構造が、中国の統治システムにならったのか、あるいは偶然の産物であったのかは不明だが、首長を中心に繰り広げられた政治的、経済的活動の結果であることは確かだ。それが戦争や威信財を副葬した墳墓の隔絶化といった大陸と同調した動きをみせる点からすれば、弥生中期後半以降に顕著になる政治と不平等は、西島松5遺跡などで明らかにされた縄文時代の政治と不平等とは根本的に異なるシステムが働いていたといわなくてはならない。

†世襲をめぐって

古墳文化を研究した小林行雄《ゆきお》は、かつて古墳時代に男系の世襲があったことを論じた。現在、それには否定的な意見が強いが、では世襲を示す考古学的な証拠はいつから存在したのだろうか。これは、縄文時代に家系によって世襲される文化があった点と触れ合う問題だ。

板付遺跡を発掘した山崎純男《やまさきすみお》は、弥生前期の特定の墓域に葬られた子どもに副葬品が偏る傾向のあることから、親世代の階層差が子に引き継がれている可能性を指摘した〔山崎一九九〇〕。一種の「地位の世襲」であるが、この程度のことであれば縄文時代にもある。

長野県茅野《ちの》市棚畑《たなばたけ》遺跡は、国宝に指定された「縄文のヴィーナス」と呼ばれる土偶が出土したことで知られる。山田康弘は、縄文中期のこの遺跡を分析して、墓地が二つの墓域に分かれ、ヴィーナス土偶が出土した土坑を含む墓域に副葬品や装身具のエラボレーションが高いことと、そこに子どもの埋葬が含まれることをつきとめた〔山田二〇一九〕。

また、中村大《おおき》も亀ヶ岡文化では子どもの埋葬に副葬品を伴う場合が多く、子どもへの「投資」が認められるという〔中村一九九九〕。

第4章で述べたように、叉状研歯《さじょうけんし》の分析を含めて、縄文時代にも世襲的な相続を許されるような有力家系の存在が、このように徐々に明らかにされつつあるので、弥生前期の世襲問題は再検討しなくてはならない。しかし、弥生時代はそれをはるかに上回る状況も認められる。

福岡県北九州市城野遺跡から出土した弥生後期の方形周溝墓《ほうけいしゅうこうぼ》は、一辺が二〇メートルほどある、当地域屈指の墓である。その真ん中に二基の石棺墓が設けられ、その一基から出土したのは小児であった。隣の石棺墓もほぼ同じ大きさだから、墓の主は子どもであろう。いずれも水銀朱《すいぎんしゅ》で真っ赤に塗られ、小児には管玉《くだたま》が伴っていた。

これは、首長墓といってもよいほどの豪華な扱いを受けた、明らかに将来が約束された子どもであり、弥生後期の北部九州に確実に世襲が存在した実例である。縄文時代や弥生中期までの世襲的状況から飛躍したものであり、これもまた中国の影響によると思われる。

†部族社会から首長制社会へ

弥生中期初頭は、ヘテラルキーからヒエラルキーへと階層構造変化の最初の画期であった。吉武高木遺跡の多副葬墓で、特に副葬品が秀でているのは在来の甕棺墓よりもM3号墓をはじめとした木棺墓である。この時期、西北部九州に朝鮮半島からの渡来系の土器が多数みられる集落が出現し、青銅器の流通も本格化して鉄器も出回るようになる。階層化は、朝鮮半島から金属器をたずさえて渡来した人々あるいはその二世、三世とともに推し進められた。

第二の画期である弥生中期後半は、楽浪郡の設置による中国との交通を背景とする。大量の鏡を副葬する奴国《なこく》や伊都国《いとこく》の領域における③段階のいわゆる王墓は、多数の甕棺と同じ墓地に葬られる点で④段階の墳墓や古墳の隔絶性はまだ認めがたい。

しかし、これら奴国や伊都国の王墓は広い範囲が四角く区画されたなかにごくわずかな甕棺が埋置され、前方後円墳に匹敵するほど多数の鏡が納められ、北部九州地方の盟主的存在になるなど、急速に階層序列化を強めていった。そして一世紀に奴国の王が後漢王朝の始皇帝に朝貢《ちょうこう》して冊封《さくほう》されるまでに成長を遂げていく。

以上でみてきたように、縄文時代はけっして平等な社会ではなかった。特に格差は複雑採集狩猟民の東日本の後期後半以降顕著になるが、その状況はいわゆる多頭社会のヘテラルキー構造であった。

弥生時代も前期まではヘテラルキー構造だが、弥生中期を境にヒエラルキー構造へと進化を遂げた。変化の要因は水田稲作を中心とした農業生産力の増加もあるだろうが、大陸からの渡来系の人々との関わりの強化によって、首長の権限が成長したことが大きな要因を占める。それは部族社会から首長制社会への転換であって、東アジア世界の一員としての倭国への道の第一歩であった。

III　文化の根源・こころの問題

第7章 土偶が映す先史のジェンダー——男女別分業と共同参画の起源

1 縄文時代の男女——採集狩猟民の性分担

†本章のあらまし

ここから精神的な世界の問題に取り組んでいこう。本章は、主に人物造形品から縄文文化と弥生文化の男女の世界観を分析し、それを成り立たせている原理を推測する。

縄文文化の分析素材は土偶と石棒である。それぞれ女性と男性を象徴するが、その二元的な原理の背景を、貝塚から出土した自然遺物の分析により導かれた労働の性別分業に求めてみたい。

弥生文化の分析素材は木偶と石偶と土偶、そして銅鐸《どうたく》の絵画である。採集狩猟から農耕への生業の転換が、男女二元的世界観にもたらした変化を、これらの遺物の分析によって明らかにする。さらに分銅形土製品を取り上げて、縄文土偶のその後にせまりたい。また、縄文から弥生への変化に大陸からの影響が認められる一方で、性にまつわる縄文的な世界観が弥生文化に継承されていることも論じる。

†藤森栄一と座産土偶

座産《ざさん》とは、まだベッドのない時代に一般的だったお産のスタイルである。天井から下がった力綱につかまり、後ろから産婆さんが妊婦を抱えて「息を吐いて」と呼びかけながら出産する。産褥《さんじょく》というように、穢《けが》れを避けるべく産屋《うぶや》のなかでひっそりと子どもを産んだ時代の話である。

屈折像土偶とは立膝でうずくまる姿の土偶であり、腕を十字に組んだものや、合掌したようなものが多い。いまにも赤ちゃんが生まれようとするところを表現した土偶もある。屈折像スタイルの土偶は、縄文中期に生まれて晩期まで継続してつくられた。このように腕と膝を曲げて踏ん張る独特な姿の土偶が「座産」を表現しているのではないかと考えたのが、藤森栄一であった〔藤森一九七三〕。

藤森が取り上げたのは縄文中期の長野県岡谷市広畑《ひろはた》遺跡出土の土偶であり、座った姿勢でよく張った臀部《でんぶ》が印象的な女性像である。腕は輪状に表現されているが、藤森はこれを、「棒に腕を通して分娩《ぶんべん》の際に力をこめた姿勢だ」と述べている。縄文後期以降の屈折像土偶には触れていないが、一九七〇年代に発表されたこの論文は、立膝の土偶が座産を表現しているとする今日の議論の先駆をなすものだった。

このように、腕を輪状に表現した土偶は「腕部双孔土偶」と呼ばれており、縄文後期・晩期にもいくつか知られ、また非常に広い地域に分布している。青森県八幡平市今津遺跡（晩期）、茨城県利根町立木《たつぎ》貝塚（後期）、愛知県幸田町東光寺遺跡（晩期）などで出土し、縄文晩期終末の大阪府域を中心に愛知県域にまで広がる長原式土偶もこの表現をとっている。

†お産姿の持続力

一方、小杉康《やすし》が取り上げたのは、後ろに腕を回した屈折像土偶である（小杉二〇〇五）。岩手県軽米町君成田《かるまいまちきみなりた》遺跡から出土した縄文晩期のこの土偶はお腹がはち切れそうに膨らみ、いまにも赤ちゃんが股から飛び出そうな状態をリアルに表現している。同じ姿の土偶が青森県南部町下比良《しもひら》遺跡から出土しており、その顔はサルに似せたのか、「ひょっとこ」のような口をしている。縄文後期の土偶であるが、これもまた晩期の君成田遺跡例と同様に腕を背にまわしている（図）。

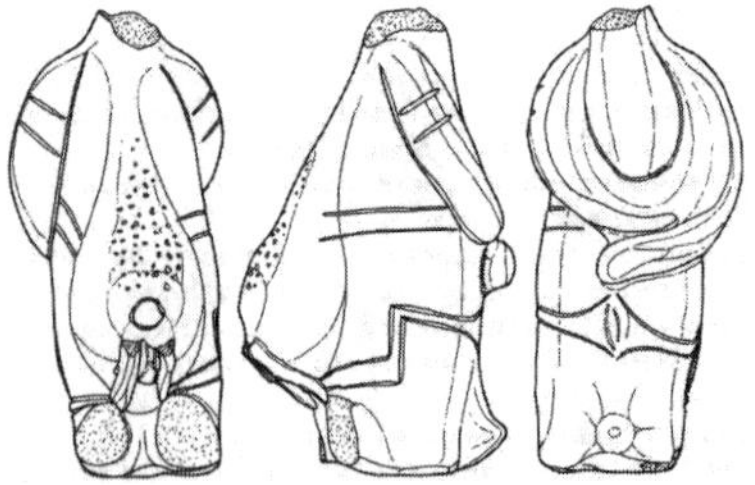

左：長野県広畑遺跡の腕部双孔土偶（岡谷市教育委員会）、右：岩手県君成田遺跡の後ろ手出産土偶（小杉康図）

小杉はこれらを「後ろ手出産土偶」と名づけた。下比良遺跡の土偶の後ろにまわした腕の先が上下に組んだように表現されているのは、右手で左手首を、左手で右手首をしっかり握りしめた状態ではないだろうか。

このようにつくられた理由を小杉は「サルはお産が軽いので、それにあやかったからだ」と推測した。サルの赤い顔も出産間際の表情に似ているからではないかと想像が膨らむ。

また、顔面把手のついた縄文中期の土器もある。山梨県北斗市津金御所前《つがねごしょまえ》遺跡の顔面把手付き土器は、土器全体を母体に見立て、器面に粘土を貼り付けて両足を表し、股から赤ちゃんが生まれたところを表現している。口縁部につけた顔の吊りあがった目と丸い口は、出産時の苦痛に目を吊り上げて息を吹く女性を表現したのであろう。稀に丸い口が「ひょっとこ」のようにあごの下の方についている顔面もあり、これもサルの表現と思われる。

後ろ手出産土偶は、山梨県笛吹市釈迦堂遺跡からも出土している。

釈迦堂遺跡は縄文中期の大集落であり、日本で最も多くの土偶が出土した遺跡として知られる。中央自動車道のインターチェンジのすぐわきの丘陵にあり、四月に遺跡から見下ろすと一面が桃畑でピンクの花が美しい。この土偶もやはりはち切れそうな腹部で、妊娠時に濃くなる正中線もしっかり表現されている。股の突起は赤ちゃんが頭を出しているところであろう。

腕部双孔土偶や後ろ手出産土偶の腕の表現は、いずれも力むための所作であったと想像される。これらの表現は、縄文中期から晩期までずっと続いていた。サルのような表情もまた、中期から晩期まで認められる。

こうした姿勢や表情の土偶が縄文中期から晩期に至るまで広い範囲でつくられ続けたのであり、「座産」のスタイルとともに出産にまつわる一定の所作が優に二〇〇〇年間にわたって維持されていたのは驚くべき持続力である。

†土偶と石棒にみる男女二元的世界観

土偶は縄文時代を代表する性象徴であり、それは女性性の象徴である。妊娠状態を表現した土偶は枚挙にいとまがないし、子育てを表現した女性像もつくられた。

これに対する男性の性象徴はなにかというと、石棒類である。文字通り棒状の石を磨いてつくったのが石棒で、先端を膨らませて仕上げたものが多く、男性器を模している。片方に刃をつけた石刀や、両刃の石剣といった石棒から派生したものを含めて石棒類と呼んでいる。

石棒は縄文前期に生まれたが、手のひらサイズであったのが中期になると大型化して、なかには大人の背丈よりも大きなものも現れてまったく別物になったようである。

石棒について谷口康浩は、一種の祖先祭祀が縄文中期以降に発達して、石棒はその依《よ》り代《しろ》的な存在として真価を発揮するようになったと考えている〔谷口二〇一七〕。その根拠は、縄文中期頃から住居を環状に配置した環状集落が展開することである。集落の真ん中の広場はしばしば墓地になっていて、祖先を中心とした共同生活が営まれるようになり、あるいは縄文後期の秋田県大湯環状列石のように、環状に営まれた墓地の要所に巨大な立石を伴う特別な墓を営むようになる。

土偶は縄文草創期に出現し、一貫して女性像であり豊饒祈願《ほうじようきがん》の意味をもっていたのに対して、縄文中期に出現した大型石棒は祖先祭祀の意味をもち、まったく異なった代物であるという。石棒にも豊饒の意義は仮託されていただろうが、土偶が女性原理にもとづくのに対して石棒類は男性原理にもとづく男女の象徴的な呪術具であるという谷口の説は、縄文的な男女二元的世界観を理解するうえで重要だ。

それは、土偶と石棒の出土状況からも推測することができる。土偶が副葬品として墓に納められることはめったにないが、石棒類は副葬されたり、あるいは墓の中やかたわらに立てられることがしばしばである。つまり、土偶が豊饒という生の象徴であったのに対して、石棒類は死の象徴であった可能性があり、このことは、石棒類が祖先祭祀という死者儀礼に関わっていることと無関係ではないだろう。

さらに、土偶は粘土をこねて足しながらつくるのに対して、石棒類は石を打ち欠いて壊しながらつくるという、足し算と引き算の関係にあることもまた、男女と生死の二元的世界対応を考える手がかりになる。

†クイア考古学

こうした男女二元的世界を推測させる状況は、発掘調査によって遺跡、遺構、遺物から多数見出されてきた。ここまで私は、多数派をなす異性間関係の考古学的状況にもとづいて論を構成してきた。

こうした見方は、男女が集団として別々に編成されているにしてもそうでないにしても異性どうしで世界を構成するという概念にもとづく。しかし、同性どうしがペアになる場

東京都緑川東遺跡の石棒出土状況（国立市教育委員会）

合もあるし、雌雄同体を表現したかのような遺物や状況の存在も少数派とはいえ無視することはできない。それどころか、大いに取り組まなくてはならない課題である。

　東京都国立市緑川東遺跡の竪穴建物から、縄文中期の大型石棒が四本並んで出土した（図）。光本順《みつもとじゅん》は、これらが大小二本のペアによって構成されていることから、男女ペアという概念でなく男性同士の結びつきを象徴している可能性を示唆する〔光本二〇二〇〕。

　時代は下るが、奈良県斑鳩《いかるが》町藤ノ木古墳の六世紀の石棺墓に合葬されていた人骨は、二体の男性と同定されており、相次いで殺害された穴穂部皇子《あなほべのみこ》と宅部皇子《やかべのみこ》のものである可能性が高いとされる。ところが宅部皇子とされる人骨の手と足に玉がまかれており、手玉と足玉は女性に限られる装身具であることから、女性ではないかという意見もある。同定結果を重視して考古学的な異論も活かすとすれば、日本書紀に「穴穂部皇子と善《なかよ》し」とされる宅部皇子は女装していたとの見方が妥当性を帯びてくる。

このような、性的少数者を主題にした考古学が「クイア（Queer）考古学」である。きわめて限られているが、土偶にも男性器を表現したものがあるし、それが屈折像土偶の場合もある。屈折像土偶は座産を表現したものばかりではないとするのは簡単だが、それで解決できる問題だろうか。

ＬＧＢＴに「Ｑ」、すなわち性を超越した「ノンバイナリー」を含む性的少数者をターゲットにした「クイア考古学」に対する議論が今後盛んになることを期待しつつ、ここでは多数派にしぼった考古学的証拠にもとづいて論を進めていこう。

†縄文社会の男女

縄文時代の土偶と石棒が象徴する、男女をめぐる縄文時代の多数派的な世界観は何に由来するのだろうか。考えなくてはならないのは、当時の社会のあり方である。

縄文中期の房総半島を中心に、竪穴住居の床面や覆土から数体の埋葬された人骨が出土する例が複数知られている。これは死者が出るとその住まいを墓として、追葬していった廃屋墓である。

廃屋墓に葬られたのは、成人男女と子どもの組み合わせが多い。千葉県市川市姥山《うばやま》貝塚の廃屋墓における五体の人骨の形質人類学的な分析の結果、五名には血縁関係を基軸に姻族を含む家族的なつながりがあったことが指摘されている。

このことからすると、縄文時代の基本的な男女の単位は夫婦であったと考えられる。兄妹や姉弟も強い絆で結ばれているが、子どもを産む単位は夫婦であり、竪穴住居という世帯を単位とする単婚家族が消費生活の基礎をなしていた可能性が高い。

では、生産の単位もまた家族であったかとなると、そうではないだろう。

アメリカの人類学者、G・マードックは、世界各地の非文明社会二二四種族の民族誌の分析によって、男女の性別分業の傾向を調査した（図）。それによると、男性の分担比率が高いのは、海獣の狩猟（男性優位指数＝約九九％）、狩猟（約九八％）、石器づくりなどの石の加工（九五％）、漁撈（約八六％）であり、女性の分担比率が高いのは、調理（女性優位指数＝約九一％）、土器の製作（約八二％）、果実・木の実の採集（約七六％）である。狩猟や漁撈など遠征して行う仕事は男性に、植物の採集などホームベースの近隣で行う仕事は女性に偏る（都出一九八九）。

マードックの仕事は二〇世紀前半のものであり、世界のいたるところで文明化が進んだ今ではやろうと思ってもできない。

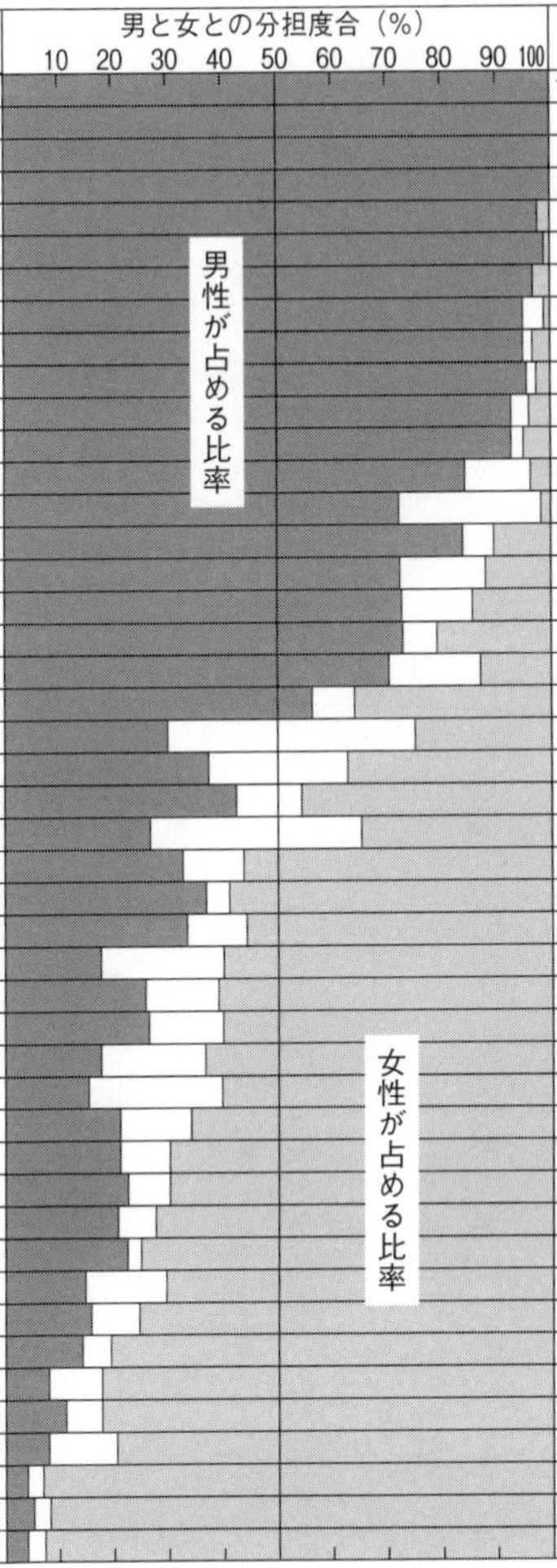

男女比 / 労働種目		男性優位指数
1	金属工芸	100.0
2	武器の製作	99.8
3	海獣の狩猟	99.3
4	狩　猟	98.2
5	楽器の製作	96.9
6	ボートの製作	96.0
7	採鉱・採石	95.4
8	木材・樹皮の加工	95.0
9	石の加工	95.0
10	小動物の捕獲	94.9
11	骨・角・貝の加工	93.0
12	材木の切り出し	92.2
13	漁　撈	85.6
14	祭祀用具の製作	85.1
15	牧　畜	83.6
16	家屋の建設	77.0
17	耕地の開墾	76.3
18	網の製作	74.1
19	交　易	73.7
20	酪　農	57.1
21	装身具の製作	52.5
22	耕作と植え付け	48.4
23	皮製品工芸	48.0
24	入れ墨など身体加飾	46.6
25	仮小屋の建設と撤去	39.8
26	生皮の調整	39.4
27	家禽や小動物の飼育	38.7
28	穀物の手入れと収穫	33.9
29	貝の採集	33.5
30	編物の製作	33.3
31	火おこしと火の管理	30.5
32	荷物運び	29.9
33	酒や麻薬づくり	29.5
34	糸や縄の製作	27.3
35	籠の製作	24.4
36	敷物（マット）の製作	24.2
37	織物製作	23.9
38	果実・木の実の採集	23.6
39	燃料集め	23.0
40	土器の製作	18.4
41	肉と魚の保存管理	16.7
42	衣類の製作と修繕	16.1
43	野草・根菜・種子の採集	15.8
44	調　理	8.6
45	水運び	8.2
46	穀物製粉	7.8

前近代社会の性別分業（都出 1989 より）

†男女二元的世界観の由来と生業

第1章で述べたように、縄文時代の社会は基本的に採集狩猟社会だから、マードックの分析結果に照らせば生業は男女別の分業が予想される。しかし、同じ非文明社会だからといって、この調査結果をそのまま縄文社会にあてはめてよいものだろうか。なんとか、考古学的な分析によって確認することはできないものか。

その際に私がよく参照するのは、赤澤威《あかざわたける》の研究である〔赤澤一九八三〕。

赤澤は、千葉県いすみ市新田野《にったの》貝塚を発掘調査し、縄文前期と中期の貝層から検出された魚骨と貝類の種類と割合を比較した。その結果、前期に魚類はスズキ、クロダイ、ボラが九割強、二枚貝はオキシジミが五割弱と、ともに海のものが多いが、中期になると二枚貝はヤマトシジミという汽水産の貝が一〇〇%近くなったにもかかわらず、魚類は前期の三種が九割弱とそれほど変わらない傾向を示した。貝だけ好みが変わったのだろうか。

縄文前期は温暖な気候で、現在の海岸線よりも一〇キロメートルほど内陸の遺跡のそばまで海が迫っていた。一方、中期になると寒冷化が進み、海岸線は現在のあたりまで退いていった。ホームベースから往復二〇キロメートルのところに遠征して仕事をするとなると、戻ってくるには一日を要する。

縄文中期に、貝類は遠出することなく拾える汽水産のヤマトシジミに比重を変えたのに対して、魚類はわざわざ遠出して海のものをとってきた。赤澤は、家庭の仕事を女性に任せて男性が遠征したのだと考えた。したがって、食料のレパートリーの変化は好みの問題ではなく、環境の変化に応じたものであった。こうして、民族誌で明らかにされた採集狩猟民の性別分業が、縄文時代の社会にも働いていることを知ることができたのである。

マードックの調査結果は、非文明社会では石器づくりが男性に偏る仕事であり、土器づくりが女性に偏る仕事であることを示している。縄文社会もそうであろう。さきほど述べた世界観が反映されているのであるが、いずれも大人になってからその技術を習得することは難しく、スペシャリストになるには小さい頃からの学習がものをいう。物心がついた頃には、日常生活の生業に関わる場面では男性集団と女性集団に分かれて過ごすことが増えていったであろう。

生業は生活の根幹に関わるものである。男女の二元的な世界観の構成の背後には生業があり、生業を裏で支えたいわゆる〝第二の道具〟である土偶や石棒など祭りの道具にその二元的世界観が反映しているのではないだろうか。

以上、採集狩猟民である縄文人の性分担をみてきたが、次は農耕民である弥生人の性分担を議論することにしよう。

2　弥生時代の男女——農耕民の性分担と協業

西日本の男女像

縄文時代の土偶が弥生時代にどのように変化していくのか、まず西日本からみていこう。

弥生時代の西日本で目立つ偶像といえば、木偶である。こけしのような手足のない一木《いちぼく》造《づくり》の像であり、目と鼻、口をかすかに彫り込むくらいの簡素な偶像である。表情や装飾が豊かな縄文時代の土偶とおよそかけ離れており、木偶人形《でく》というのがふさわしい。

木偶は滋賀県域から多くみつかっているが、近江八幡市大中《だいなか》の湖南《こみなみ》遺跡で出土した木偶は胴がくびれて下腹部に穴を開けて性器を表現した女性像と寸胴の男性像である。同県野洲《やす》市湯《ゆ》ノ部《べ》遺跡の墓の溝から至近距離で出土した二個の木偶は大小あるが、小型の方は腰がくびれて胴部にたすき状の彫り込みのある女性像であり、やはり寸胴の木偶とセットになる男女一対の像である。下腹部の孔に木片をさして男性器を表現した木偶も出土した。

また、鹿児島県錦江町《きんこうちょう》山ノ口遺跡から出土した軽石《かるいし》を削ってつくった石偶も、男女一対の像である。小型の方に乳房の表現があるので、男性像が大きく女性像が小さくつくら

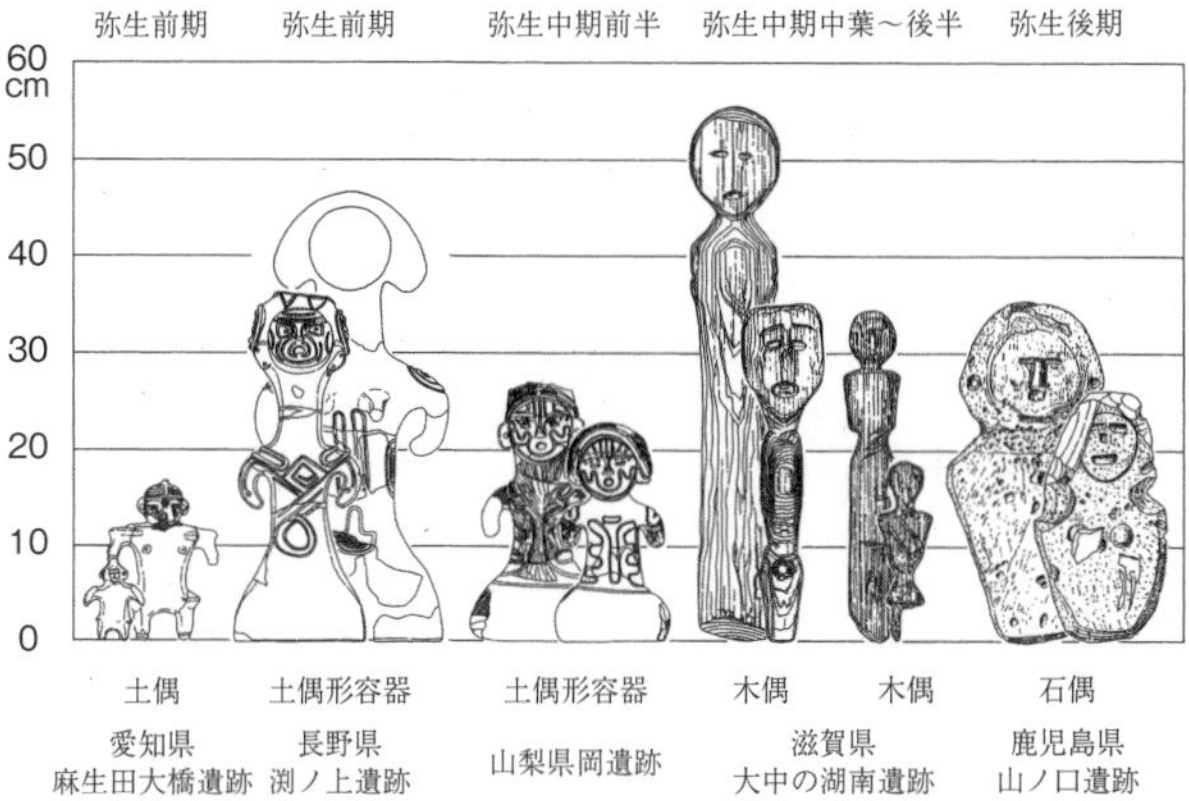

弥生時代の男女像（筆者作成、１対の像の左が男性像で右が女性像）

れている（図）。

さらに、福岡県糸島市三雲屋敷遺跡の竪穴住居跡から、土偶が一対で出土した。弥生時代より少し新しい古墳時代前期のものだが、性器の表現から男女をつくり分けていることがわかる。香川県高松市空港跡地遺跡の弥生後期から古墳前期にかけての溝の中から出土した六体の土偶も、やはり男女像をつくり分けている。

†東日本の男女像

東日本の弥生再葬墓の蔵骨器として用いられたのが、土偶形容器である。土偶のように腕があり、脚はなく底部が大きく平たくつくられた立像である。がらんどうの中空《ちゅうくう》で頭が開口しており、そこから中に骨を納めた。胴部を上からみると楕円形や長方形であるのは中空土偶の胴部と同じであり、土偶から派生した容器だとわかる。

長野県上田市渕《ふち》ノ上《うえ》遺跡では、大小の土偶形容器が土坑から出土した。大きな方に乳房があり、小さな方にはない。山梨県笛吹市岡遺跡出土の土偶形容器も二つが同じ場所で出土した。やはり大小あるが、いずれも乳房はない。大きな方が厳しい顔つきである（前頁図）。

愛知県豊川市麻生田《あそうだ》大橋《おおばし》遺跡では、大小の土偶が一つの土坑に納められていた。大きな方に乳房があり、小さな方にはない。これらは麻生田大橋（弥生前期）→渕ノ上（弥生前期）→岡（弥生中期）の順に新しくなっていくが、最初は女性像の方が大きかったのが、やがて男性像の方が大きくなる（前頁図）。男性像が大きくつくられるようになる意味は、西日本の弥生時代の銅鐸絵画であらためて問題にしよう。

東北地方の縄文土偶はどうなっただろうか。

青森県田舎館村《いなかだてむら》垂柳《たれやなぎ》遺跡から出土した弥生中期中葉の土偶は、咽《のど》に粘土粒がついていて、これは咽仏《のどぼとけ》の表現ではないかとされる（図）。つまり、男性土偶だというのである。

この土偶は小型だが、垂柳遺跡からは中空の大型土偶も出土している。棚畑遺跡のヴィーナス土偶もそうであるが、縄文時代の土偶には稀に大型で精巧なつくりのものがあり、個人的な小型土偶と、ムラ全体あるいは地域共同体の儀礼に関わる大型土偶という二種類に分化していることが指摘されている。精緻な文様は影を潜めたものの、垂柳遺跡の土偶は縄文土偶のあり方を引き継いでいる。

弥生中期中葉は温暖な時期で、水田も大規模になる。これ以前に土偶形容器は北海道にまで及んだ可能性があり、土偶形容器の顔を線刻で描いた土器が北海道北斗《ほくと》市茂別《もべつ》遺跡で出土しているので、水田技術だけでなく精神生活に関わる第二の道具も東北地方北部まで北上したと考えられる。土偶形容器は男女像だから、垂柳土偶の咽の粘土粒も、たまたまついただけではないのかもしれない。

青森県垂柳遺跡の咽仏のある土偶（田舎館村教育委員会蔵）

水田という革新的な技術と、土偶という保守的な道具が共存するのがこの時期の東北地方北部の弥生文化の特徴である。咽仏説を認めても一例だけなので何とも言えないが、土偶形容器で論じたように、単に保守的だというばかりではなく微細な形態変化をとらえることで性格の変化にまで踏み込んだ議論が求められよう。

†農耕文化が土偶を変えた

ここまで、西日本と東日本の弥生時代の偶像に目を通してきた。

麻生田大橋遺跡から出土した男女の土偶は、弥生時代の初頭のものであった。この遺跡にはその直前、すなわち縄文晩期終末の土坑もあるが、そこから乳房のある土偶と石棒が一緒に出土している。縄文晩期終末に土偶と石棒という縄文文化的な男女別の象徴遺物を用いながらも男女一対の思想が新たに生じ、それに続くようにして男性土偶が生まれて男女一対の土偶に変化したことがわかる（図）。

これは、一つの遺跡でその変化をたどることができた奇跡のような例だ。西日本に接する三河地域での事例であり、土偶形容器は三河地方で発生した可能性があることも興味深い。

男女別の偶像から男女一対の偶像への変化は、何を意味しているのだろうか。

縄文時代の偶像は、男女一対ではなく、石棒と土偶という異なる種類の象徴からなる。それが、労働が男女に分かれて編成される採集狩猟という生業に由来するとすれば、それに対して男女一対で出土する偶像と弥生時代の基本的な生業である農耕との関係も考えなくてはならない。

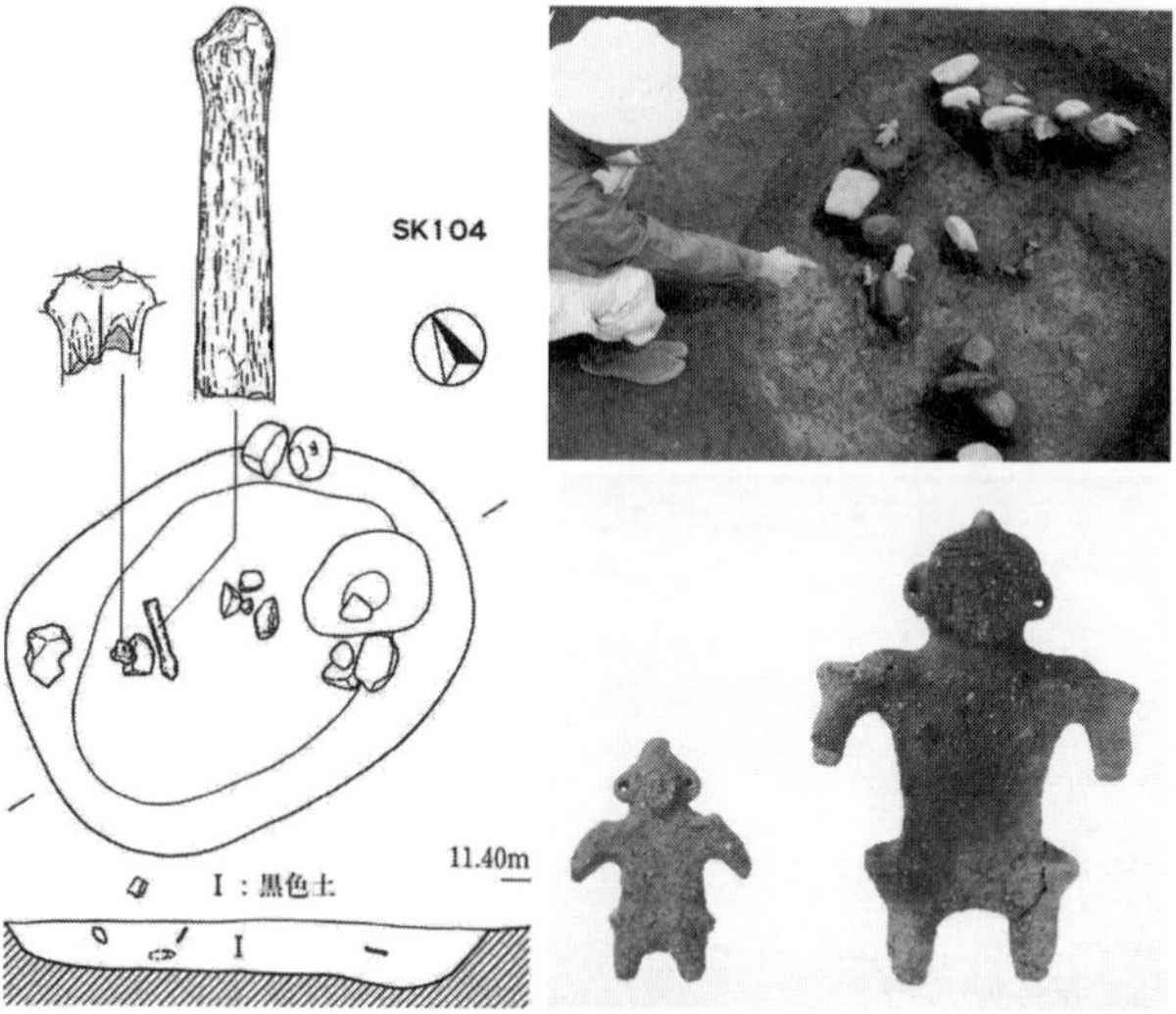

愛知県麻生田大橋遺跡の縄文晩期と弥生前期の男女像（豊川市教育委員会蔵）

再びマードックの民族誌をみてみると、農耕に関わる生業では男性優位指数が酪農（五七・一％）、耕作と植え付け（四八・四％）と男女の参画率が比較的拮抗していることがわかる。農耕は男女共同参画事業である。開墾や水路の掘削《くっさく》といった仕事は主に男性が受けもち、脱穀は女性が主に受けもつという、仕事内容に応じた性別の分業はあるものの、ともに穀物を生み出していくという共同作業は、縄文時代の基幹産業である採集狩猟と大いに異なる点であり、そこに男女一対の偶像が生まれる背景があったのであろう。

木偶の登場は弥生前期にさかのぼ

る。木偶は基本的に男女像であり、西日本に分布する。このことからすると、東日本における弥生時代の男女像の成立には、木偶に代表される西日本の偶像が影響を与えていた可能性が高い。

木偶は縄文時代にはない。弥生時代の儀礼の道具の代表例である木彫りの鳥、すなわち鳥形木製品も同じく縄文時代にはない。次章で述べるように、鳥形木製品は農耕儀礼に用いられた。先史時代の木偶は朝鮮半島ではみつかっていないが、鳥形木製品は出土しているので、おそらく木偶とセットの状態で農耕儀礼の道具として大陸からもたらされた可能性が高い。

したがって、弥生時代の男女像の成立、すなわち土偶の変化は大陸由来の農耕文化にその原因があった。

†銅鐸絵画は語る

ここで、絵画から弥生時代の男女を考えてみよう。銅鐸は弥生時代の祭りのカネである。これまでに発見された銅鐸は四七〇個ほどであり、そのうちのおよそ一三%にあたる六二個ほどの銅鐸に絵が描かれている。画題は、シカ、鳥、トンボやトカゲ、スッポン、蛇など水辺の小動物、人物、家が多く、脱穀のシーンやイネを収めたであろう高床倉庫を描いたものもある。

小林行雄はこれらの絵画を分析して、弱肉強食の世界をモチーフとする農耕賛歌を絵にしたとみた〔小林一九五九〕。

一方、銅鐸の絵画から弥生時代の性別分業にアプローチしたのが佐原真と都出比呂志である〔佐原一九六八、都出一九六八〕。

佐原と都出は、兵庫県神戸市桜ヶ丘神岡《かみか》遺跡および香川県から出土したと伝わる絵画銅鐸の分析により、丸い頭の人物が弓をもちシカやイノシシを狩猟しており、三角頭の人物が臼《うす》と杵《きね》で脱穀をしているところから、非文明社会における性的分業の男女差を頼りにして丸頭を男性、三角頭を女性に描き分けていると説いた。

さらに、都出は弱肉強食の小林説を認めたうえで男女の位相を問題にし、女性よりも男性が優位に立つように描かれていることから、自然界・人間界を通じた輪廻《りんね》のなかで最も優位に立つのが大人の男性であると認識されていたとする。さらに、戦闘に関わる絵画が男性像であることから、男性の首長の権限が表面化してきたとみなした。

†男女のパワーバランス

桜ヶ丘神岡5号銅鐸の絵画に、並んでいる三人の人物を描いた絵画があるが、丸頭と三

いさかいをする男女を描いた兵庫県桜ヶ丘神岡５号銅鐸（佐原 1982 より）

角頭に男女が描き分けられるという原則からすると、中央が男性で左右が女性である〔図〕。

この絵は男性が中央に大きく描かれており、また男性が右側の女性の頭をつかんで棒で叩いているところから、都出は男性優位の証拠とみなす素材に使ったが、さらに飛躍させれば次のような解釈を導くことができる。

私はこれを一夫多妻の状況を描いたものとみる。男性が右の女性に暴力をふるっているのは、今でいうところの「ＤＶ」だが、問題は左の女性が男性を止めに入っている点である。つまり、女性同士仲がよいのだ。民族学の大林太良によれば、一夫多妻の妻同士の平和が保たれるのは、姉妹など親族の場合が顕著だという〔大林一九七七〕。

三世紀の中国の書物『魏志』倭人伝に、倭人は一夫多妻であると記されているが、紀元前一世紀の近畿地方に一夫多妻があった可能性も考えてこの絵を解釈すると面白い。そして、弥生中期になると土偶形容器の男性像が大きくなるのはなぜかという問いには、そうした男女間のパワーバランスの変化があったからと答えられるのではないだろうか。

ただし、弥生時代終末の二〜三世紀に卑弥呼姉弟のように、宗教的な権威は女性が、政治の実権は男性が握る二重王権が存在しており、男性ばかりが権力を握ったわけではないことにも注意を払う必要がある。

†分銅形土製品とはなにか

では、弥生時代に縄文時代的な土偶の役割はどうなったのであろうか。土偶とは別の視点から、縄文土偶のその後を追跡してみよう。

弥生時代の西日本の偶像を特徴づけるのは、中国地方を中心に分布する分銅形土製品である。文字どおり重さを量るための江戸時代の分銅のような形をした土製品で、上部に顔を表現したものもあり、櫛描文《くしがきもん》により眉を表現した例も多いので、人体を表現した土製品といってよい。顔の表現は笑顔が多い。

分銅形土製品の起源はなかなかわからなかったが、弥生前期にさかのぼる例がわずかだが知られるようになり手がかりが増えてきた。

定型的な分銅形土製品は上下で対称的な形であり、両脇のえぐりは大きい。それに対し

左：大阪府宮ノ下遺跡の長原式土偶（東大阪市立郷土博物館蔵）、右：山口県明地遺跡の分銅形土製品（山口県埋蔵文化財センター蔵）

て兵庫県姫路市丁《よろ》・柳《やなが》ヶ瀬《せ》遺跡や岡山県総社《そうじゃ》市真《ま》壁《かべ》遺跡から出土した弥生前期の土製品は下側がすぼまり、立つようにつくられており、両脇のえぐりが小さいなど土偶に近い形状をなす。また、香川県善通寺市龍川五条遺跡の土製品は長方形の側縁の左右に孔があいた腕部双孔で、眉の表現から分銅形土製品の一種であるのは間違いない。

そこで注目されるのが、近畿地方を中心とした縄文晩期終末の長原式土偶である。長原式土偶は大阪市長原遺跡の土偶によって設定された型式で、脚がなく「台式土偶」と呼ばれることもある立像である。これは腕部双孔土偶なので、出産に関わる儀礼に用いられたのであろう。

龍川五条遺跡の土製品は腕部双孔で、丁・柳ヶ瀬遺跡の土製品は立像にするために台部を大きくつくっている点や、長原式土偶が兵庫県域にまで分布していて分銅形土製品の分布と重なっている点などからすれば、弥生前期の分銅形土製品は、長原式土偶に起源があるとするのが妥当だろう。したがって、分銅形土製品は出産に関わるものであり、笑顔の柔和な表情からも女性像とみてよいだろう（図）。

3　三つの論点——持続する縄文文化の伝統とその革新

†縄文社会のジェンダー

縄文時代における赤ちゃんの死亡率の高さは、秋田県横手市梨ノ木塚遺跡や愛知県田原市吉胡《よしご》貝塚の死産児などを埋葬した縄文晩期の甕棺の出現率の高さから、縄文時代の終わりまで相当なものだったことがわかる。縄文人にとって出産は死と隣り合わせの一大イベントだったに違いない。

妊娠から育児まで、母子ともにつつがなく過ごせますようにという願いを女性像の土偶から想像することができる。もちろん粉ミルクなどのない時代である。出産や授乳などの女性に特有の活動には、男女別の分業という性によって分かれた特性を活かしたお互いのサポート体制が必要であった。それはまた、土偶からみた縄文時代における社会的な性差の有効活用——ジェンダーバランス——であった。

第1章で、縄文時代の植物栽培の役割が補助的であることからわかったように、縄文人の基本的な生業は採集狩猟であった。採集狩猟民のジェンダーは、世界的に時代を超えた普遍性をもつといってよい。マードックの民族誌にみる男女別分業の傾向は、考古学的な資料の分析から縄文社会に当てはまることもみてきた。

一方で、狩猟における女性の役割を高く評価しなくてはならないとする民族学の分析もある。アフリカにおける狩猟民の民族誌によれば、狩猟における女性の役割は部族によっても異なっていて、小動物の捕獲や勢子《せこ》などのいわば「わき役」ながらも、女性の参画による動物の捕獲量が男性のみによる狩猟のそれを上回るムブティのような部族もあれば、弓矢や鉄砲はけっして女性に持たせないサン族のような部族もあり、多様だ。

†大陸文化の影響力

採集狩猟が縄文時代の土偶を女性像にしたのと同じく、農耕が弥生時代の偶像を男女像にした。

生業が直接男女の世界観を左右したというよりは、生業によって編成された性別の分業や男女の協業とそれに伴う社会編成が、男女の世界観に大きく影響していたのであろう。

また、弥生中期以降に男性の権威が高まってきた傾向が銅鐸絵画からうかがわれ、それが東日本の土偶形容器にも反映した可能性を考えた。

日本列島の先史時代におけるこうした偶像の道筋は、中国でもたどることができる。

中国考古学を専門とする石川岳彦は、中国東北地方における新石器時代から青銅器時代の土偶や青銅製偶像を分析した。遼寧省《りようねいしよう》の西部である遼西《りようせい》地方では、採集狩猟文化から本格的な農耕文化に変わる紅山《こうざん》文化（紀元前四〇〇〇年〜前三〇〇〇年）において、それ以前から中心をなしている女性像にわずかながらも男性像が加わる。多少の断絶を経て夏家店上層《かかてんじようそう》文化（紀元前二〇〇〇年紀）になると、青銅製人物像は男女一対もしくは男性に偏るようになるという〔石川二〇一七〕。

このような大陸の動向を踏まえると、縄文土偶から弥生文化の偶像への変化、すなわち採集狩猟民の偶像から農耕民の偶像への変化は日本列島だけの特異現象ではなかったことが理解される。かかる傾向性が縄文文化のなかから生まれたのか、大陸に由来するのか明らかにしなくてはならない。木偶は縄文文化にはないので、私などは後者の可能性が高いと思うが、朝鮮半島の先史時代の遺跡でそれが検出されることを期待したい。

弥生時代の男女協業を証明しうる考古資料は、縄文時代の性別分業のようには見出すことはできない。農耕の祭りにセクシャルな場面の多い民俗例が、間接的な補強材料となるばかりである。

†持続する伝統

その一方で、弥生時代の性別分業を示す証拠は銅鐸絵画にみることができた。これは、縄文文化の性別分業が引き継がれていることを意味する。

縄文文化におけるカゴ細工の技術には目を見張るものがある。佐賀市東名《ひがしみょう》遺跡から出土した縄文早期の編みカゴ（編組《へんそ》製品）は、ムクロジやツヅラフジなどツル性植物の樹皮を割いた素材を用いて現在のカゴ製品にみられると同様の様々な編み方でつくられ、部位ごとに素材を変えるなど、およそ紀元前六〇〇〇年という非常に早くから高度な技術を保持していたことが明らかになった。

弥生時代には大陸から機織具が渡来して絹織物も自前で織れるようになったが、縄文文化以来の大麻製の編布と併用された。マードックの女性優位指数七五％以上のカゴづくりや紡織にも縄文文化の伝統が持続している。

縄文文化を彩った土偶も分銅形土製品に姿を変えて、女性ならではの儀礼の道具として維持された。弥生文化における男女の世界観は、大陸からの影響を受けながらも縄文文化の持続性を処々に発揮しながらその底流を形成していったのである。

第8章 立体と平面——動物表現にみる世界観

1 縄文人の立体画

†思想への接近

考古学の役割の一つは、遺跡から出土した遺構という施設の跡や遺物から、当時の人々の生活や社会のあり方を推測することである。土器の編年や製作技術の復元など、遺物から直接読みとることのできる情報にもとづいて行う物質文化の研究が、考古学の得意とする分野である。

これに対して、思想や宗教など人々の考え方、つまり精神生活を推測するのは、あまり得意ではない。文字のない時代にあっては、物質資料から当時の人々の思想を直接読みとることはできないからである。

しかし、遺構にしろ遺物にしろ、人々はある考えにもとづいてそれらをつくり使ったはずだから、形而上学的な側面にアプローチしていく手がかりは、やはり物質資料に残されているに違いない。

この章では、縄文文化の動物造形品や弥生文化の絵画を取り上げて、その造形手法の違いからそれぞれの文化がもつ性格の違いを考え、それぞれの担い手の思考回路の相違とそのよって来るところを推測することにしよう。

†立体画と平面画

縄文時代には粘土で偶像をつくることが一般化した。ヒトの形象としては、第4章で取り上げたように土偶がよく知られている。この時代、動物像も粘土でつくられた。口縁《こうえん》や表面に粘土を貼りつけて、動物の意匠を装飾とした土器もある。これらのなかには特徴をよくとらえていて、ある程度動物の種類を特定できる例がある。このような動物の造形品にもとづいた研究が、縄文時代の動物観に接近する方法の一つである。

それに対し、弥生時代になると動物の立体的な造形品は少なくなり、動物は土器や銅鐸の表面に線で描かれるようになる。したがって、弥生時代の動物観の考察は、絵画が有力な素材となる。

この章では、動物の造形に焦点をあてて、縄文時代と弥生時代の人々の動物観やそれをめぐる世界観にせまり、その違いの意味に想いをめぐらせることにする。

縄文時代の動物造形が立体的で、弥生時代のそれが平面的だとしたが、佐原真と春成秀爾は半肉《はんにく》彫りの絵画を立体画、線による絵画を平面画と呼び分けた。それにならって記述を進めよう。

†再生とアニミズム的信仰

動物の表現は、およそ六〇〇〇年前の縄文前期後半に始まる。この時期の関東地方から中部高地地方では、波をうった口縁が大きく開く深鉢形の土器がつくられたが、その波頂部にはしばしば動物の頭が表現された。吊りあがった目とブタのような鼻から、イノシシを表現したとみて間違いない。

さらに、およそ五〇〇〇年前の縄文中期になると、長野県域など中部高地地方では装飾性の豊かな土器がつくられた。新潟県域の「火炎土器」に対して「水煙土器」の名で呼ばれる、渦を巻いた突起のつけられた土器を、考古学に興味のある人なら写真などで一度は目にしたことがあるのではないだろうか。この時期の中部高地地方の土器にはしばしば、

カエルの変化（上左：長野県丸山南遺跡、上右：長野県柳沢遺跡、下左：長野県中越遺跡、下中：神奈川県上ノ入B遺跡、下右：長野県藤内遺跡）（上左：筆者拓本／他：設楽1996より）

動物形の突起や立体画がある。イノシシ、ヘビ、カエルが主要なモチーフである。縄文土器の装飾は、呪術的な意味をもっていた。

カエルやヘビは変態や脱皮をする。脱皮したヘビの抜け殻は死体に等しく、脱皮後の生命体は新たに生まれた姿とみなしうる。そうした自然の姿を目の当たりにした縄文人の思想の底流には、死んで生まれ変わるという再生観があったのではないだろうか。

ヘビがカエルの腕にかみついて飲み込もうという姿をとらえた縄文中期の立体画は、はじめはリアルにつくられているが、やがてヘビとカエルは分離し、カエルの目は突起のような巨大な頭となり、その突起が身体から離れて装飾となり、カエルの頭は丸い表現に変わり甲羅を背負ったカメのような人のような表現になった。精霊の誕生のストーリーさながらの変化であり、縄文中期の人々が動物に抱いた神秘的な感情、民族学のタイラーが提唱したアニミズム的な信仰を映し出しているようである(図)。

第1章でふれたように、縄文中期の中部高地地方の土器にはダイズの圧痕がある。また、石鏃が少ない一方で、石皿や土を掘るための石器などが多く、植物質食料のウェイトが高かったようである。太古の土器は主に女性がつくる。民族誌を参考にすれば、土器や動物の造形が元気いっぱいに展開した裏には女性の活躍がひそんでいるのではないだろうか。

縄文前期の土器の口縁部にイノシシが立体的にアレンジされたことを述べたが、それは縄文中期に引き継がれた。縄文中期の土器の口縁部についた同じような装飾としては、人の顔面把手がある。第4章で述べたように、顔面把手の顔が出産の表情を表現しているとすれば、イノシシは成熟した女性と同義とされた可能性がある。

さらに縄文後期・晩期になると、動物形土製品が盛んにつくられたが、イノシシ形土製品からこの問題をさらに深めてみよう。

†イノシシの造形が意味するもの

少し古い集計だが、縄文時代の動物形土製品は総数一七四例で、内訳はイノシシ（八九）、クマ（九）、サル（九）、トリ（九）、イヌ（六）、シカ（三）、カメ（三）などであり、圧倒的にイノシシが多い〔設楽一九九六〕。イノシシは「みの毛」という独特な背中の毛の隆起表現でそれとわかり、その表現がない正体不明の三三例にもイノシシは含まれているだろうから、さらに多くなる。それに対してシカの造形はきわめて少ない。

縄文人が好んで狩猟した動物の最上位はシカ（約四〇％）、次点はイノシシ（約三八％）とこの二種類が断然多く、それに続くタヌキ、ノウサギ、アナグマ、サルはそれぞれ二～七％に過ぎない。全国各時期の個体数の集計なので、地域によってあるいは時期によって多少の差異はあろうが、シカとイノシシが狩猟動物の筆頭である傾向は認めてよい。

動物形土製品が狩猟祈願としてつくられたなら、シカの土製品が少ないことに疑問が生じる。シカとイノシシの生態の違いになにかヒントはないだろうか。

以前、新聞に高速道路でシカがはねられて死んだという記事を目にしてかわいそうにと思ったが、それから間もなく事故現場のそばでふたたびシカが死亡した記事がのっていて今度は驚いた。車がそばを通っただけでびっくりして死んだというのだ。イノシシは鉄砲の玉がかすめたくらいでは死なない。また、イノシシは一度に一〇頭ほど子どもを産む場合があるのに対して、シカは少産である。

第4章で、縄文時代の赤ちゃんは生き延びづらかったと記したが、生命力の強さなどが縄文人の意識にのぼって、イノシシと女性が同義となり信仰の対象になったのではないだろうか。

縄文人の女性とイノシシの同類化は、別の面からも推測できる。イノシシ形土製品には、乳房をつけた雌の土製品がある。千葉県茂原《もばら》市下太田《しもおおた》遺跡からは多数の埋葬人骨が出土したが、女性の埋葬人骨に寄り添うように埋葬されたイノシシの幼獣骨が検出された。成人の埋葬区は幼児の埋葬区と区別されているが、幼児の埋葬区とイノシシおよびイヌの埋葬区は重なり合っていた。イヌやウリボウなどに乳を与えて育てる民族例を参考にすれば、縄文人の女性もウリボウを育てていた可能性がある。

縄文時代の土偶は、離れた地点から出土した破片同士が接合する場合があるが、千葉県市原市能満上小《のうまんかみこ》貝塚のイノシシ形土製品も同じように接合した。その意味は解きがたいが、土偶は女性の象徴であることは認められるので、イノシシも同じように理解されていたといってよいだろう。

†狩猟儀礼としての動物表現

では、縄文時代の動物形土製品に、狩猟祈願の役割はなかったのだろうか。

東京都多摩ニュータウンを建設するときに発掘された縄文中期の遺跡から、イノシシ形土製品がみつかった。縄文中期は動物形土製品がほとんどないので、これはたいへん珍しい。それにもかかわらず、遺跡からは、竪穴住居跡などの居住施設はほとんど出土せずに遺物も少ない。わずかに落とし穴が検出されただけだが、そこに意味がある。

ネイティブ・アメリカンのズニ族は、動物の像をつくり、狩猟に出るときはそれに矢尻をくりつけて持っていき、狩猟の祈願をしたという。同じような意味が多摩ニュータウン遺跡のイノシシ形土製品にあり、落とし穴のかたわらに置いて、穴に落ちますようにと念じたのではないだろうか。

縄文後期の東北地方には、表面にイノシシかクマを浮き彫りにして、それに向かって射かけられた弓矢を浮き彫りで表現した土器がある。北海道の縄文中期の土器には、シカが向かう先に細長い楕円の線が描かれており、落とし穴ではないかとされている。いずれも動物の造形に狩猟祈願の目的を推測できる。

東北地方では、縄文晩期になるとクマの土製品をつくるようになった。後期・晩期は東日本の各地で矢尻が多量に出土するようになるので、狩猟が活発になっていったと推定されている。イノシシを豊饒のシンボルとしてその生命力を称える縄文中期以来の目的は引き継がれたであろうが、動物形土製品が数を増す裏で、狩猟儀礼の意味も加わっていったと予想される。

2 弥生人の平面画

†イノシシからシカへ

第4章でふれたように、弥生時代の祭りのカネである銅鐸には絵を描いたものがある。弥生土器にも絵画が描かれている。土器の絵画は線刻であり、銅鐸の場合は鋳型に線刻をするので仕上がりは凸線になるが、いずれも細い線による平面画である。

銅鐸の絵の種類と数は、春成秀爾の集成によると、シカ一三五頭（約三五％）、人物五九人（約一五％）、魚四〇匹（約一〇％）、鳥二七羽（約七％）、イノシシ二七頭（約七％）である。シカとイノシシでは圧倒的にシカの方が多い〔春成一九九一〕。土器の絵画は春成の集成に橋本裕行が追加したデータによれば、シカ一〇五頭（約四四％）、建物五〇棟（約二一％）、人物二六人〔約一一%〕、鳥二〇羽〔約八%〕、龍一六匹〔約七%〕、舟一四隻〔約六%〕、魚六匹〔約三%〕であり、イノシシはない〔橋本一九九六〕。その一方で、縄文時代の土製品で振るわなかったシカが、銅鐸絵画と土器絵画のいずれもトップに躍り出ているのが大きな特徴である。

シカの特別視はいつ、どのようにして始まったのだろうか。そしてイノシシが画題から転落していくのはなぜだろうか。

†地霊としてのシカ

銅鐸や土器のシカの絵には、素手でシカの角をつかむ狩人や、矢を受けても倒れもせずにいるシカが描かれている〔図〕。佐原真や春成秀爾、井上洋一はその奇異さに注目し、『風土記《ふどき》』の説話を参考にしながら弥生時代のシカは地霊として信仰の対象だったと理解した〔佐原一九七三、井上一九九〇、春成一九九一〕。

『播磨国風土記』に、シカの腹を裂いてその血にイネを浸してまいたところ、一夜にして苗が生まれたという説話がある。また、仁徳陵《にんとくりょう》を築こうとする際に、突然現れたシカの耳からモズが飛び出したことが「百舌鳥《もず》古墳群」の地名のおこりになっている『日本書紀』の説話や、田を荒らすシカが人にとらえられて、「もう田を荒らしません」と誓いを立てて許してもらう『豊後国《ぶんごのくに》風土記』の説話などから、シカの絵は単なる狩猟風景ではなくて優れて神話的な表現だというのである。

　シカを描いた土器は弥生時代前期にあり、それよりも古い朝鮮半島の青銅器に矢を受けたシカの絵があるので、この神話の起源は朝鮮半島に求められるかもしれない。

桜ヶ丘神岡5号銅鐸のシカの角をつかむ狩人の絵
（工楽 1989 より）

　イノシシからシカへと象徴体系が変化したのが、縄文時代から弥生時代への移行に伴うものであれば、その背景として農業の始まりに注目しないわけにはいかない。

　『播磨国風土記』にあるように、古代における農業とシカの深い関わりは、ニホンジカとイネの成長の相似によって説明されている。雄ジカは角をもつが初夏の頃に柔らかい鹿茸《ろくじょう》を生じて夏の間に成長し、冬に角が脱落するが、翌春には生え変わり、そのときには枝角が数を増し、立派に成長してくるのである。こうしたシカの角とイネのサイクルの同一視からシカに土地の精霊の意味があったと考えたのは古代史の岡田精司であった〔岡田一九八八〕。

†イノシシはどうなったか

では、弥生時代の信仰の対象の代替わりに際して、イノシシはどうなったのだろうか。家畜化の視点からみていきたい。

世界の初期農業には家畜がつきものである。西アジアではヒツジやヤギが飼われ、中国ではイノシシが家畜化されてブタになった。世界の多くの地域で新石器文化といえば有畜文化をイメージする。弥生時代は農業の時代だが、家畜を飼わない欠蓄農業として風変わりな新石器文化ととらえられてきた。

大分市下郡《しもごおり》桑苗《くわなえ》遺跡から出土した弥生時代のイノシシをブタといってよいのではないかと問題提起したのは動物考古学の西本豊弘《とよひろ》で、それは一九九一年のことであった〔西本一九九一〕。頭蓋骨の形態的な分析により、額と鼻の段差が強くて歯《し》槽膿漏《そうのうろう》があるなど、家畜特有の特徴が認められるというのである。

いわゆる弥生ブタの形質を調査した結果、縄文時代のイノシシがブタになったのではなく、ブタは朝鮮半島から持ち込まれた種類であるとされた。この説に対しては、DNAの分析からイノシシといわゆる弥生ブタを区別することはできないという反論があり、それに対して再反論がなされたように賛否両論あるが〔石黒二〇〇九〕、縄文時代のイノシシ飼育よりもその度合いが増して家畜化が進んだという説に立てば、単なる食料と化したことによってシンボル的な意味が失われていったと解釈することができる。

†鳥形木製品と鳥装の人物絵画

弥生絵画の動物でシカと並んで数が多いのは鳥である。銅鐸絵画で動物第二位は魚だが、これは一つの銅鐸にたくさん描いたものがその数を押し上げているのであり、絵画銅鐸の数としては鳥が第二位である。

縄文時代には鳥をシンボルとした証拠は取り立ててないので、これもまた縄文時代からの変化のなかで説明する必要がある。

宗教考古学の金関恕《かなせきひろし》は、池上曽根遺跡から出土した鳥形木製品から弥生時代に鳥に対する信仰があったと推測した〔金関一九八二〕。金関は、竿の上に鳥形木製品をつけて立てる「ソッテ」という朝鮮半島の民俗学的な知見と『魏志』韓伝の馬韓《ばかん》条にある「蘇塗《そと》」という祭りを結び付け、それが稲作に伴うことを論証し、弥生時代の鳥形木製品の起源が朝鮮半島にあることを指摘した。

金関は、この話題の講演会で「取り急ぎ、とりどりの資料を取りまとめて、とりとめもなくお話をしてきました」と愉快に締めくくったのを思い出す。

金関は鳥形木製品の論文で、『古事記』を参考にしながら弥生時代に鳥装の司祭者がいたのではないかと述べた。その後、奈良県天理市坪井遺跡や田原本《たわらもと》町清水風《しみずかぜ》遺跡で鳥装の人物を描いた土器が相次いで見つかり、金関の豊かな発想が実証された。坪井遺跡の絵画が雑誌に載ったときには、こんなものがあるんだと驚いたものである。

清水風《しみずかぜ》遺跡の鳥葬の人物のカーブを描いた頭には、アンテナのような縦線がある。春成は想像をたくましくして、カーブした線は頭ではなく仮面であり、縦線は鳥のくちばしだと語った〔春成一九八七〕。岡山市新庄尾上遺跡からくちばしを表現した人物絵画土器が出土してそれが証明され、二度驚いたのである。

金関は、弥生時代の鳥に穀霊《こくれい》の運搬者としての役割があったと説き、春成は民族学の大林太良が集めた穂落とし神がツルであるという稲作の起源説話を踏まえながら、金関説を補強した。清水風遺跡の鳥装の人物の胸にはシカが描かれていて、鳥はシカと並んで農耕儀礼に関わる重要な動物であったことがわかる。

†弥生絵画と農事暦

銅鐸と弥生土器の絵を通じて春成が注目したのは、イネの生育から実りまでの一連の儀礼であった。いわば農事暦が銅鐸や土器に描かれているというのである。

銅鐸には角のないシカが描かれることが圧倒的に多く、土器には角のあるシカが多いことは、銅鐸には初夏のシカを、土器には秋のシカを描いたということになる。また、土器に建物がたくさん描かれるのに対して、銅鐸はわずか二棟に過ぎない。これらの建物は高床建物であり、穀倉を描いたと考えられるので、秋の収穫に伴う儀礼的な意味があった。こうした分析を経て、春成は銅鐸が春から初夏の予祝《よしゅく》儀礼、土器が秋の収穫儀礼の性格を帯びていると考えた〔春成一九九一〕。

日本の水稲栽培による稲作儀礼は、①予祝儀礼、②播種《はしゅ》儀礼、③田植《たうえ》儀礼、④虫送りや雨乞いなどの呪術儀礼、⑤収穫儀礼の五つの要素からなる。このうち播種と収穫の二つが最も重要とされる。弥生時代の絵画を代表する鳥とシカ、人物、倉庫は、穀霊と地霊を招いて鎮め、そして収穫を祝う象徴的な役割を演じ、銅鐸と絵画土器は予祝ないし播種と収穫という農事暦の二つの大きな機会に活躍したのであろう。

こうした農耕儀礼の一こまを絵巻物風に描いた土器絵画と銅鐸絵画があるので、それをもとに節を変えて別の視点から弥生時代の世界観に触れてみよう。

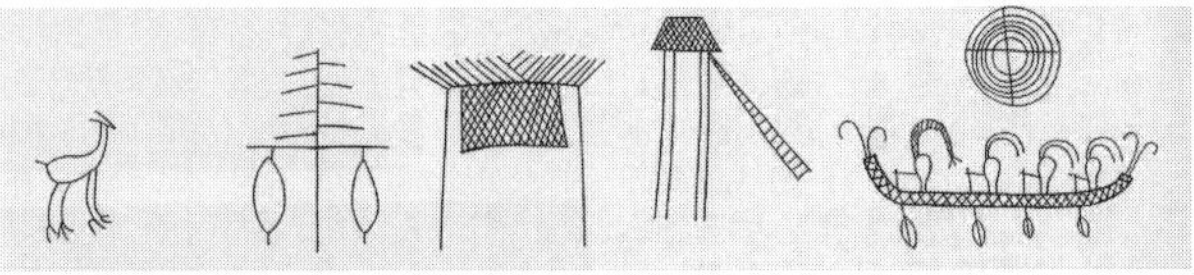

鳥取県稲吉角田遺跡出土弥生土器のパノラマ画（春成 1991 改変）

3　大地から空と空想の世界へ

†もう一つの立体画

鳥取県米子《よなご》市稲吉角田《いなよしすみた》遺跡から出土した弥生時代中期（紀元前一世紀）の大きな壺形土器の頸に描かれたのは、面白いパノラマ画である。金関や春成の分析（金関一九八四、春成二〇一一）を参考にしながら紹介しよう（図）。

描かれているのは右から大勢の人物が漕ぐ舟、柱とはしごの異常に高い建物、高床倉庫、木の枝に吊るされた二つの銅鐸、そしてシカである。シカが描かれた破片は遊離しているが、頭の向きからすれば、最後の場面に描かれたのであろう。舟は右から左に進んで建物に近づこうとしているので、全体として右から左へと展開する物語とみてよい。

舟を漕ぐ人物の頭に半円形の飾りがつくが、弥生時代の人物絵画の頭にはしばしば同じような装飾がみられる。漢代の画像石に描かれた羽人という鳥の化身が同じ装飾をもつので、鳥に扮した様子を描いたとされる。サギなどは後頭部に冠羽《かんう》という羽をもち、その束を羽冠《うかん》という。鳥は穀霊の運搬者だという理解に即せば、高い建物を建てて空を飛ぶ鳥を招いたのであろう。鳥が舟に乗るのはおかしいと思われるかもしれないが、天鳥舟という天翔ける舟の存在は、日本ばかりでなく古代エジプトにも認められる。

つまり、銅鐸が鳥を招くために打ち鳴らされて、高い建物へ招かれた鳥はその後高床倉庫へとイネの魂を運ぶ。その一部始終を地霊であるシカが見守るという、イネの収穫儀礼の絵巻である。細い線で描いた平面画だが、台地と空を意識した絵であり、縄文時代の立体画と意味の違うもう一つの立体画といってよい。

†弥生時代の猿蟹合戦

空間を意識した別の絵画を紹介しよう。今度は銅鐸の絵である。辰馬404号銅鐸と滋賀県守山市新庄銅鐸は弥生中期前葉（紀元前三世紀）の流水文《りゅうすいもん》銅鐸であり、身の上の方に横方向に絵を描く（次頁図）。

この絵で注目したいのは、絵をはさんだ下部の流水文帯の上縁を地上の線に見立てていることである。人、カニ、シカ、臼などの地上を歩き地上に置かれる動物や物は地上の線

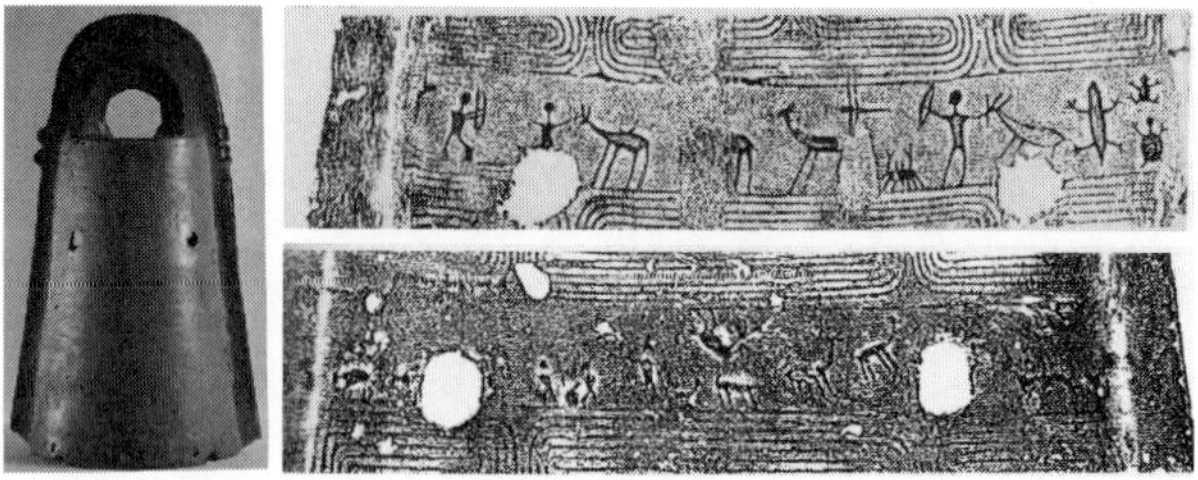

銅鐸のパノラマ画（左：滋賀県新庄遺跡、右上：新庄銅鐸、右下：辰馬404号銅鐸、国立歴史民俗博物館編 1995 より）

の上に描く。そして、上部の流水文帯の下縁を空あるいは空中の木の枝に見立てて、トンボやサルをそれに接してあるいはそれにつかまるように描く。トカゲやスッポンなど水棲の生物はその中間に描く。地上および水と空の世界という垂直な空間を表しているのであろう。

辰馬404号銅鐸の絵画で不可解なのは、シカである。地上を歩いているシカの群れが、上方へと移動しているのである。佐原は別の方向に逃げるシカであるとし、春成は遠近法で遠ざかるシカを表現したものと考えた〔佐原・春成一九九七、春成二〇一一〕。しかし、遠近法であれば小さく描くであろう。私はこの二つの銅鐸絵画の法則から、このシカは空へと歩みを進めているとみる。

先に触れたように、清水風遺跡の空を飛ぶ鳥人の胸に描かれたのはシカである。いずれも農耕儀礼の重要な動物であるシカと鳥がともに天空に存在していた意味は、イネの憩いの場が天にあった思想にもとづくのであろう。

動物満載の二つの銅鐸の絵はサルとカニと臼がモチーフであり、稲作儀礼ということからおにぎりも関係するといえば、思い出すのは昔話、「猿蟹合戦」だ。

†龍の意匠の意味

昔話によく出てくる想像上の生き物といえば龍であり、龍が日本列島に登場するのも弥生時代である〔春成二〇〇〇〕。弥生時代の龍の絵画は多数知られているが、最も古いのは紀元後の弥生時代後期で、この頃活発になった中国との交流の結果である。

龍は霧を呼んで動き回り、春分に雲に乗って天にのぼり、秋分に淵にひそむと前二世紀の書、『淮南子《えなんじ》』にある。戦国時代の『山海経《せんがいきょう》』には、日照りのときに龍の似姿を土でつくると雨をもたらすという記述がある。古来、龍は天と地を往復して天から雨をもたらす雨乞いの神として信仰されていた。

池上曽根遺跡の龍を描いた土器は井戸から出土した。岡山県真庭《まにわ》市下市瀬《しもいちせ》遺跡からは、龍を操る人物を描いた高坏がやはり井戸から出土した。弥生時代の井戸は壺形土器を投げ込み、かたわらに銅鐸を吊るすなど儀礼のあとがうかがえる。水に関わる儀礼といえばおそらく雨乞いであったと推察され、龍本来の水を制御する目的もそこで発揮されたのであろう。水稲農耕がそれをうながしたのであり、天的な祭りといってよい。

†動物儀礼と複雑採集狩猟民

ここまでは、縄文時代と弥生時代の動物に対する儀礼的な行為をみてきた。最後に両者の違いを明らかにしたうえで、その違いが生み出された背景を推測する。

縄文時代の人々の動物に対する思惟は、アニミズムの観念によって最もよく理解される。山梨県笛吹市上黒駒遺跡から出土したヤマネコと人が合体したような土偶は、それを端的に物語る。

しかし、そのようなステレオタイプの思想、あるいは単に採集狩猟文化＝狩猟儀礼というだけでは縄文文化の動物観を説明することはできない。

狩猟動物の双璧の一つであるシカの造形がイノシシに対して振るわないのは、狩猟成就以外の目的をイノシシの造形がもっていたことを暗示する。母体に見立てた土器の口縁に母親の顔をつけた顔面把手と同じ部位にイノシシがつけられることや、乳房をもつイノシシ形土製品などは、子どもの誕生や生育の場面で生命力が増すことに期待を込めた証であろう。

狩猟の対象として、生命観の象徴として、動物に対する観念は多様であったことがイノシシの造形一つをとってもうかがえる。第1章で述べたように、それは特に東日本の縄文文化が採集狩猟文化のなかでも高度化した、いわゆる複雑採集狩猟民の性格を帯びていたからであり、縄文文化の動物観も複雑だったからにほかならない。

†立体画から平面画へ

縄文時代の動物の造形は立体的である。また、ここまで論じたようにイノシシがその造形品のトップに位置しているが、その他の動物形土製品も種類が豊富である。これは、森という立体的な空間から様々な資源を得ていた縄文時代の網羅型の生業体系に根差しているのであろう。それらの造形品は立体的であると同時にリアルでもある。狩猟で的確に獲物をとるために急所を認識する必要があり、そのために三次元的な芸術の形をつくりあげたのではないだろうか。

それに対して、弥生人の絵画は平板である。これは森を切り開き平坦な水田を造成するなど、森から離れた平板的な生活空間に原因が求められよう。また、画題として扱われる動物もシカが第一位になるが、それは農耕儀礼にシカが役割を果したからである。つまり、銅鐸を使うような地域の弥生人は、稲作に特化して儀礼の動物を位置づけるようになったのであり、大陸に由来する思想が作用した点で、縄文文化とおおいに異なる。

芸術家の岡本太郎は、博物館で縄文土器と出会い、あっさりとした弥生土器との違いを世に知らしめ、日本の始原に農耕民とは異質な文化と精神が宿り、日本人のなかにその血が流れていることの意義を説いた。縄文時代の三次元的な立体画と弥生時代の二次元的な平面画は、それぞれの時代の基幹生業に左右された価値観にもとづくことを岡本は的確に指摘している〔岡本一九五二〕。

†天的宗儀と神話のあけぼの

縄文人は鳥も獲ってはいたが、思想的に空を意識してそれを造形することはなかった。弥生人が空を意識し、鳥や龍を信仰するようになったのも、やはり水稲農耕に伴う生業の転換が大きな意味をもつ。

かつて古代史の三品彰英《みしなしょうえい》は、弥生時代終末の三世紀頃に銅鐸から鏡へと儀礼の道具立てが変化するのは、「地的宗儀」から「天的宗儀」への祭儀スタイルの変化が背後にあり、天的な宗儀は高天原《たかまがはら》信仰の導入に根差すものとした〔三品一九六八〕。しかし、稲吉角田遺跡の土器は紀元前一世紀、新庄銅鐸と辰馬404号銅鐸に至っては紀元前三世紀にさかのぼるので、天的な信仰の起源はもっと古い。

二つの銅鐸絵画を戯れに「弥生時代の猿蟹合戦」としたのも、稲吉角田遺跡の絵画土器と同様に昔話を思い起こさせる物語を、絵巻物風に具体的に展開するのは縄文時代になかった表現であり、そうした物語の表現の新展開が弥生時代にあることを指摘したかったからである。

縄文時代の土器には男女が手をつなぎ踊っているシーンの立体画があり、歌垣のような楽しみを描いた可能性はある。これも一種の神話かもしれないが、きわめて抽象的である。銅鐸の絵巻にどのようなストーリーが展開したのか知るすべはないが、縄文神話と異なる律令期の神話のあけぼのを弥生時代にみることは許されよう。

動物をまじえた人間界自然界の構成をパノラマ風の絵画で示し、一種の神話仕立てにしているのは、中国にも朝鮮半島にも例がない。稲作儀礼の起源は大陸に求められるが、のちの日本的な世界観の表現方法にアレンジしている点も、弥生文化の固有性であると指摘しておきたい。

第9章　縄文土器と弥生土器

1　縄文土器の文様と形

†土器の文様と形

　縄文と弥生の精神世界について論じてきたこの部の最後に取り上げるのは「土器」である。縄文土器と弥生土器の違いは数々あるが、そのなかでも文様と形に注目したい。

　まずは文様である。縄文もそうだが、器面を飾る文様はいずれも単なる装飾であり、成形や整形の際に器面を引き締めるためという役割はほとんどない。だとすれば、文様はいわゆる第二の道具的な役割、すなわち集団表象といった精神性、アイデンティティーの発露とみてよい。

北部九州の弥生土器が弥生中期以降、文様をもたない「無文化」の傾向を強めていくのに対して、近畿地方の弥生土器は文様帯の幅を拡張していく。そして東日本の弥生土器に縄文が継承されていくのである。これらはいずれも土器の文様の背後にある集団の志向性をうかがい知るよいデータである。

弥生土器成立期の朝鮮半島の土器はまったくといってよいほど文様がない。しかし、朝鮮半島の影響を受けて成立した弥生文化の土器には文様がある。では、その起源はどこに求められるのか。この問題に縄文土器の視点からチャレンジしてみよう。

次に形の問題であるが、土器の文様ばかりでなく形にも、精神的な意味が端々にうかがえる。まず、縄文土器に波状口縁が多いのはなぜだろうか。また、古墳に立て並べられた円筒埴輪はなぜあのような形をしているのか。それを知るには、弥生土器にさかのぼって、墓の祭りに使われた土器を問題にしなくてはならない。

壺形土器は農耕儀礼に用いられる一方で、種籾《たねもみ》の貯蔵という実用的な役割も果たした。いずれにしてもそれは農耕と切り離せないので、最後に壺形土器の比率の変化と農耕の発展が相関関係をもつのか否か、調べてみることにしよう。

†縄文の出現と展開

土器に縄文の文様がつけられるようになるのは、一万三〇〇〇年ほど前、縄文草創期の後半であった。

「縄文」は、撚《よ》った縄でつけた文様である。土器に縄で文様をつける場合、縄を転がさずに押しつけるか転がしてつけるかの二通りがある。大正時代の終わり頃まで縄文土器の縄文のつけ方は前者だとされていたが、山内清男は回転縄文が基本であることを見抜いた。粘土板を机に置き縄を手に試行錯誤を重ねているうちに、疲れ果てていつしか眠り込んでしまい、起きてみると無意識に縄を転がしたことにより粘土板に縄文ができていたという、伝説的な逸話もある。

「縄文」は、縄文前期に大いに発達した。右撚りの縄と左撚りの縄を組み合わせて撚ったり、組みひもをつくったりと様々な撚りが発明されて土器を飾った。山内は縄文時代の縄文の撚り方の技術と歴史の研究で学位を得たが、どうしても解明することのできない撚り方の縄文もあったそうだ。

縄文後期になると、磨消《すりけし》縄文が発達した。磨消縄文とは、縄文を地文にして沈線で文様を描き、一部の縄文を残してあとは消し去る手法である。消し去った部分はよく磨かれて光沢を帯びることが多く、たいへん美しい土器に仕上がる。

縄文晩期の東北地方に展開した亀ヶ岡式土器は、様々なモチーフの磨消縄文で飾られ、関東地方に運ばれて模倣された。下手な模倣土器もたくさんあったため、きれいなオリジナルは垂涎《すいぜん》の的だったであろう。

†縄文のない縄文土器

関東地方の縄文後期中頃の土器は「加曽利《かそり》B式」と呼ばれており、一定のモチーフの磨消縄文は北海道島に至るまで大流行した。磨消縄文は、さらに九州島に及ぶ。それは、磨くという技術の伝播でもあった。

加曽利B式土器は黒っぽい色のものが多く、磨いた面は黒光りしている。九州島に伝わった磨消縄文は縄文後期後半に廃れていくが、磨きの技術自体はそのまま残り、器面をいやというほど磨いて、黒光りする土器をつくりあげた。

黒色磨研《まけん》土器と総称される縄文を欠いた土器は、縄文晩期に伊勢湾地方を含む西日本一帯に広まった。この土器の文様は簡素で、亀ヶ岡式土器など東日本の土器と著しいコントラストをみせている。

縄文のない縄文土器は他にもたくさんある。縄文中期の新潟県長岡市馬高《うまたか》遺跡の火炎土器、長野県富士見町井戸尻遺跡の水煙土器は、このあとで述べる把手《とって》の発達とともに、器面全体が半肉彫りの立体的な粘土表現で埋め尽くされている。平面的な装飾技法である縄文の介在を許さないほどに、立体的な装飾が重視されたのであろう。

†用途に応じた器種のバリエーション

考古学では、壺や甕といった器の種類を「器種」と呼ぶ。器種は用途に応じて様々な形をしているので、形の名前も色々である。

最初の縄文土器は、煮炊き用の深鉢《ふかばち》である。縄文草創期の土器の内面についた焦げの炭素と窒素の同位体比を分析することで、魚が調理されていたことが明らかにされた。縄文文化は森林の食料資源に依存した文化だから、深鉢は植物食の調理にも大いに貢献したであろう。

取り分け用の鉢は縄文前期に定着した。定住生活の進展に伴う生活の変化を示している。なかには大型、扁平《へんぺい》で二段にくびれた特殊な鉢もつくられ、墓に副葬された。この土器を研究した小杉康は、地域によって少しずつ形の違う鉢が広い範囲に分布し、在地の型式の鉢に異型式のそれが同居していることから、あたかもそれらを交換し合っているかのような儀礼的交換のシステムがあったのではないかとしている〔小杉一九八五〕。ここに調理から離れた土器の精神性の高まりをみることができる。

縄文後期には「注口《ちゅうこう》土器」も広い範囲に定着した。お茶を注ぐための急須《きゅうす》のように日常的に使われたというよりも、儀礼の場で用いられた可能性の方が高い。「異形台付土器」という特殊な土器も東日本一帯に広く分布するが、縄文後期は器のバリエーションが豊富になっていった。

†亀ヶ岡式土器と突帯文土器

同時に使われた器種の組み合わせを「器種組成」「土器組成」などといっているが、亀ヶ岡式土器の器種組成は後期に増えていった器の集大成のごとき感がある。基本の深鉢、鉢に加えて、浅鉢や皿、台付鉢、注口土器、香炉形土器、そして壺形土器など器種も実に多彩である。

弥生土器は農業の始まりによって土器の器種が多彩になったと言われるが、それは一面的な評価であり、時期や地域によって、縄文土器はむしろ弥生土器よりも多様な器種が取り揃えられている場合のあることに注目しなくてはならない。

縄文晩期も後半になると、日本列島の東西のコントラストは縄文の有無だけでなく、器種組成でも顕著になった。西日本の晩期後半の土器は口縁や胴部に一条の突帯をめぐらせた突帯文《とったいもん》土器であるが、深鉢と浅鉢とわずかな台付土器しかない。亀ヶ岡式土器も後半にさしかかると文様に平行線化が進んで硬直化していくが、それでも器種は西日本と比べて段違いに多い。

第6章で、東日本では縄文時代後半に複雑採集狩猟民の文化が形成されていくことを述べた。複雑な生活様式は文化だけでなく社会の複雑化もうながして、環状集落や祖先祭祀など親族組織や各種儀礼の発達をもたらした。集団の祭りにおける土器の儀礼的側面の高揚が、器種組成の豊富さに反映している。

左：**長野県曽利遺跡の縄文土器**（井戸尻考古館蔵、田中幹宏撮影）、右：**大阪府船橋遺跡の弥生土器**（京都国立博物館蔵）

†波状口縁の出現と展開

それは波状口縁という土器の口縁部の形にも如実に表れている。波状口縁は、平らでなく波をうつように山状に仕上げた口縁のスタイルをいう。

最初に波状口縁が出現したのは、縄文早期後半の関東地方である。前期には関東地方や中部高地地方で波状口縁の先端にイノシシの頭の造形が取りつく深鉢が盛んにつくられた。

火炎土器や水煙土器の豪快な把手も、器のクライマックス的な存在として口縁部に屹立する（図左）。顔面把手、イノシシやヘビの装飾など、器面から縄文を一掃するとともに立体的で豪快な装飾が中部高地地方を中心に縄文中期の土器を飾った。

ものを煮炊きするためにはかえって邪魔な波状口縁は、実用ではなく魂のよりどころとしての意味を強くもっていたのである。

縄文後期・晩期になると亀ヶ岡式土器を終着点として、土器から豪快さは失われていく。しかし、波状口縁はあいかわらずで、例えば関東地方の縄文後期後半や晩期のある時点まででは大きな波状口縁の精製土器が盛んにつくられている。

2 弥生土器の文様と形

†赤く塗った土器

北部九州地方の弥生前期初頭の板付I式土器や、それに続く遠賀川式土器の文様の特徴は、頸や胴部にヘラ先で平行に描いた沈線文《ちんせんもん》である。沈線の間などに木葉《このは》文《もん》や後で問題にする重弧文《じゅうこもん》を入れて変化を楽しんだようであるが、文様はあっさりしたものが多い。

弥生中期になると、文様が失われて無文化が進んだ。須玖《すぐ》式土器は、突帯文土器の名残である水平な突帯を要所に配すくらいで、他にはほぼいっさい文様をつけない。そのかわり、真っ赤に塗った土器が目立つようになった。

土器に色を塗るには、大きく分けると二つの方法がある。焼いてから塗る方法と、焼く前に塗る方法である。塗料はベンガラが多い。ベンガラの二酸化鉄の赤鉄鉱は鉱物なので、砕いて水に溶かして塗ると焼いても色は落ちない。縄文土器のベンガラによる赤彩は、だいたい焼いてから塗っている。それに対して、特に須玖式土器などは塗ってから焼くのが普通だ。

弥生土器の焼き方で最近わかってきたのは、「覆い焼き」という技術である。縄文土器も弥生土器も、古墳時代の須恵器と違って窯《かま》は使わない野焼きでつくるが、ワラや土などで土器を覆って焼くのが弥生土器に特有の技術である。それにより均等に火が回って、塗料が器面全体に定着するという。

北部九州で焼成前の赤彩が最初にみられるのは弥生早期の「夜臼《ゆうす》式土器」なので、この技術は朝鮮半島から農耕とともに伝えられたのであろう。この頃の朝鮮半島の土器は無文である。文様の簡素化、あるいは無文化は大陸からの影響とみてよい。土器づくりの効率化の原点も大陸にあり、それは農耕文化と切り離すことはできないのである。

†近畿地方の弥生土器文様

近畿地方に目を転じよう。遠賀川式土器は、北部九州地方と似たようにあっさりした文様が多い。しかし、前期の後半から沈線の数などが増えていく。北部九州地方の弥生土器から文様が失われていくのと対照的である。

遠賀川式土器のヘラ描沈線文は線を一本一本描くが、本数が増えて描く面積が広くなると、ヘラから櫛状の器具に持ちかえて一気に文様をつけるようになった。これが櫛描文《くしがきもん》と呼ばれている。

櫛描文が盛んになると、櫛を止めながら動かしてスダレのような柄にした簾状文《れんじょうもん》や器具を上下させて波のように描いた波状文などの横帯文《おうたいもん》、あるいは縦にひかれた文様という具合に色々な櫛描文で器面が埋め尽くされた。しかし、次の凹線文《おうせんもん》ではそのような自由な創作はやみ、単純に水平な凹線だけで構成されるようになる。凹線文は、指にあてがった布によって、土器の表面を水平になでつけたトタン板のような文様である。

弥生土器は回転台の上で回転させながら成形し文様をつけた。あるいは自分で土器のまわりをまわって手早く成形を行うが、櫛描文は手早いなかにもまだ文様をつけるのにかなりな時間を要した。それが凹線文になると一気に文様をつけるようになった。

弥生後期には、近畿地方からは文様すらほぼ一掃されていくので、土器を飾る時間がどんどんと短くなっていった。つまり、土器づくりに効率が優先されたのであり、それだけ縄文土器のつくり方から遠ざかっていったわけである。

†縄文の伝統と多様性の意味

では、縄文土器の代名詞の「縄文」は、弥生土器ではどうなっただろうか。愛知県域あたりを境にそれより西の弥生土器には「縄文」はいっさいない。黒色磨研土器の時期に縄文を捨て去った伝統がそのまま生きているのである。

これに対して、弥生前期、中期前半の中部高地地方から東には、複雑な磨消縄文が発達した。これは、亀ヶ岡式土器の複雑な文様を母体としている。

中部高地地方や関東地方では、弥生中期後半に櫛描文の影響で縄文は横帯文となっていくが、関東地方では縄文自体は古墳時代まで、東北地方では古墳時代になっても用いられた。東京都文京区向ヶ岡貝塚で出土した弥生土器第一号、弥生後期終末の壺には縄文がある。

ここまでヘラ描文、赤彩《せきさい》、櫛描文、凹線文、縄文とみてきたが、東西に長い日本列島では大陸の影響と縄文文化の伝統という二つの極相の間で、弥生土器の文様は多様に展開したことがわかる。

縄文土器にあれほど好まれた立体的な造形は、弥生土器からほとんど姿を消し、縄文も東日本に集約された。それは基本的には大陸の無文土器の影響と言ってよいが、近畿地方では前期にはあっさりした文様だったのが、前期の後半から中期になると、文様帯が拡張するなど北部九州とは異なる道を歩んだ。このように、単に大陸の流儀に従ったわけではないことも注意を要す。

†弥生土器の形と象徴性

小林行雄は、戦前に奈良県田原本町唐古《からこ》遺跡を発掘し、弥生土器の編年を打ち立てた〔小林一九四三〕。

小林が苦心してつくった図は、横軸と縦軸からなり、縦軸は文様などの変化による時間軸、横軸は一つの時期に使われた器のバリエーションによる生活軸で構成されている。縦軸が「型式」、横軸の個々が「形式」、そして横軸全体が「様式」であり、器種の組み合わせである様式の変化を重視した図になっている（図）。

弥生土器は、貯蔵用の壺と煮炊き用の甕《かめ》に加えて、盛り付け用の高坏《たかつき》と取り分け用の鉢の四つの器種を基本とする。壺と甕には蓋が伴う。時期や地域によっては高坏や蓋を欠く

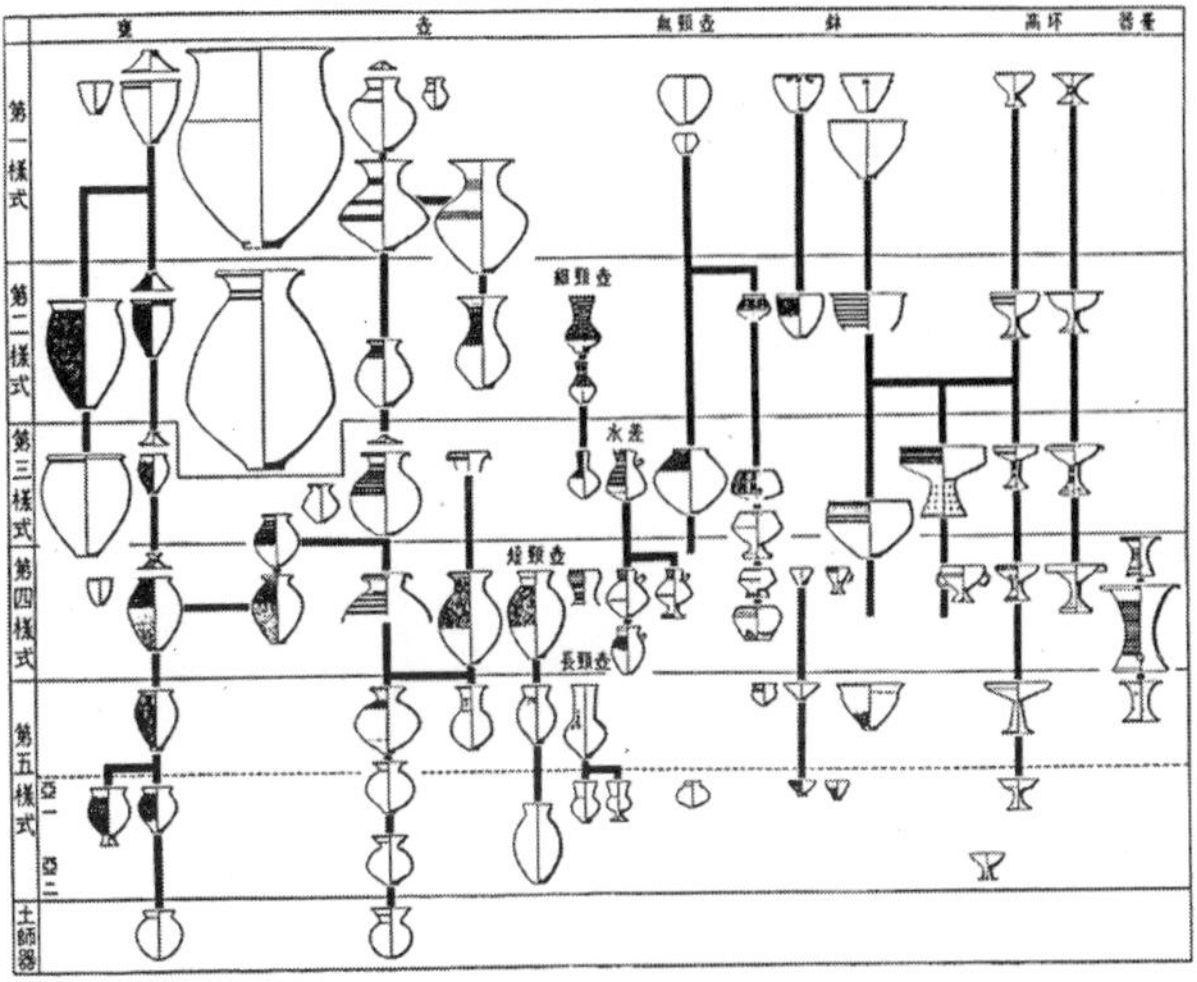

小林行雄の唐古弥生土器編年（小林 1943 より）

などするが、多くの地域でこの組み合わせを逸脱することはあまりない。図をみると波状口縁がまったくないことがわかる。

弥生時代には、農耕を基礎にした生活により、農耕生活に適した土器がつくり使われた。波状口縁の消失は、種籾などを壺に収め、甕でコメを炊くために蓋が必要になったからだが、縄文人が土器に込めた魂のようなものを喪失したかのようでもある。弥生土器が、実生活に応じた機能的役割重視の産物と言われるゆえんである。これもまた、朝鮮半島など大陸からの影響であろう。

しかし、東日本はその限りではなく、波状口縁がある。縄文の復活劇とともに波状口縁については次節に譲り、最後に弥生土器も儀礼的な役割を大いに担っていたことに触れておきたい。

第7章で述べたように、絵が描かれた壺は農耕儀礼に使われたであろう。それは、縄文土器とは意味が異なるものの、弥生土器もまた象徴性をもっていたことの証である。ただし、器種によって政治的な意味が加わるようになったのは、縄文土器の象徴性と大きく異なった動きと言わなくてはならない。

古墳に立て並べられた円筒埴輪は、古墳の性格からすれば、被葬者を荘厳化する役割をもっていた。いわば権威の象徴であるが、円筒埴輪の起源は吉備地域の特殊器台と特殊壺という、弥生後期の筒状の器台と底に孔をあけた壺に由来する。

3 弥生土器の成立をめぐって

†一片の土器から

ここまで、縄文土器と弥生土器の特徴を文様と形からながめてきた。両者の違いが大きいことに気づかれたことだろう。では、弥生土器はどのようにして生まれたのか、縄文土器とは無縁だったのだろうか。

三〇年近く前、一九九四年五月のある日、国立歴史民俗博物館で借用していた遺物を返却しに福岡市埋蔵文化財センターを訪れた。用をすませて、遺物の展示ケースを見学し、わが目を疑った。そこに陳列されている土器は地元のものだったが、そのなかに一片、東北地方の土器が混じっていたのである。彫刻的な文様があり、漆で赤く塗られた土器であった（図）。

右：福岡県雀居遺跡の亀ヶ岡式土器（筆者写真）、左：そのモデルとなった青森県亀ヶ岡遺跡出土の土器（講談社『日本原始美術大系』より）

なにかの間違いかと思って聞いたところ、それは発掘調査で出土した土器であり、出土した遺跡は福岡市雀居《ささい》遺跡、夜《ゆ》臼《うす》式土器の地層から出土したとのことであった。

帰京して調べてみると、この土器はいわゆる亀ヶ岡式土器であることは間違いなかった。亀ヶ岡式土器は岩手県大船渡《おおふなと》市大洞《おおぼら》貝塚から出土した土器を指標にして細かく分けられているが、そのうちの大洞A_1式という縄文晩期後半の土器そのものといってよい。夜臼式土器と同じ時期なので、一緒に出土したとしても問題はなかった。

西日本の亀ヶ岡式土器の分布はせいぜい近畿地方までであり、それも大洞C_1式という晩期半ばくらいまでの土器が関の山であった。しかし、夜臼式といえば、水田稲作を始めた最初の弥生土器である。

†壺形土器の成立をめぐって

夜臼式土器は突帯文土器の仲間だから、縄文系の土器である。しかし、それ以前の縄文土器との間に差はないかといえば、そんなことはない。それ以前にはまったくといってよいほどなかった壺形土器が大、中、小とそろっているのだ。その点を重視した藤尾慎一郎は、夜臼式土器は弥生土器の特徴を備えているとみなした〔藤尾一九八八〕。

北部九州の縄文土器に壺がないとすると、夜臼式の壺の由来をどこに求めたらよいのだろうか。

縄文土器の器種に触れた際に、亀ヶ岡式土器に壺形土器があることを述べた。戦後まもなく、夜臼式土器の壺は亀ヶ岡式土器に由来するのではないかとされたこともあったが、東北地方と九州地方との距離の遠さから見向きもされなかった。

それを再び問題にしたのが豆谷和之《まめたにかずゆき》である。豆谷は、夜臼式土器が西日本一帯に広がる突帯文土器の仲間であり、西日本の東端に位置する伊勢湾地方には亀ヶ岡式土器も影響を与えているので、まずそこで壺が形成されたとする。一方、この時期の朝鮮半島には壺形土器がたくさんあり、北部九州の夜臼式土器の壺は朝鮮半島の壺の影響を受けて成立したという二元的な考えを示したのである〔豆谷一九九四〕。この主張は、亀ヶ岡式土器と弥生土器が関係あるという考えを復活させた点に意義があったが、まだ具体的な資料を欠いていた。

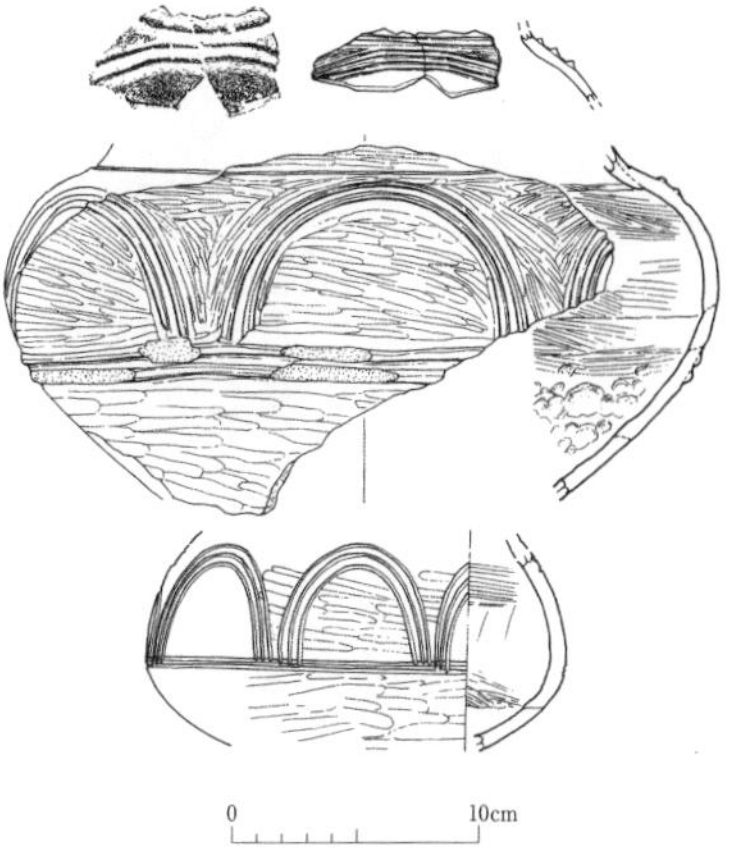

隆線重弧文から沈線重弧文へ（上：佐賀県大江前遺跡、中・下：福岡県雀居遺跡、筆者図）

†再度、一片の土器から

二〇〇五年に、佐賀県唐津市教育委員会の小松譲《ゆずる》から一通のメールをもらった。そこに写っていた土器は、隆線で文様が描かれ、赤く塗られた土器である（図上）。「地元の土器でなく、東日本のもののようなのでご意見を」という依頼であった。なんだかわからないので、翌年の一月に小林青樹と出かけることにした。小林は、その頃ま

左：佐賀県大江前遺跡の土器（筆者写真）、右：そのモデルとなった青森県名川町出土の土器（天理大学附属天理参考館蔵）

でに西日本における縄文晩期の東日本系土器を数多く集成して成果をあげていた。

大江前遺跡から出土した土器を手に取ってみたところ、壺形土器の破片であった。肩に二条一単位の弧状の隆線がついている。もう一片、隆線文の壺の小さい破片がある。いずれも正体がわからないまま帰ったが、後日小林が雀居遺跡の報告書から、二条一単位の弧状の隆線文のある壺形土器が出土していることを見つけ出した（前頁図中）。それは、板付I式土器や遠賀川式土器の沈線重弧文（前頁図下）の祖形だった。

これは大変だと、小林と片っ端から北部九州の発掘報告書をひっくり返したところ、夜臼式から板付I式にかけて、弧状の隆線文の類例がいくつか見つかったのである。また、それ以前に高知県土佐市居徳《いとく》遺跡からこれぞ大洞A_1式という壺が出土していて、小さい破片の方の文様モチーフがこの土器や青森県名川町出土土器のパネル状の文様と同じこともわかった（図）。

雀居遺跡の土器は、文様の構成がわかりやすい。頸と胴を区画してその間に大ぶりな二条一対の隆線を横に連ねていくモチーフであり、他の例も同じだろう。われわれは、この文様を「隆線重弧文」と呼んだ。居徳遺跡の土器は長方形のパネル状の区画を横に連ねた連子《れんじ》窓《まど》を連想させる文様なので、「隆線連子文」と呼んだ。

いずれも二条の隆線でモチーフを描いているのが、ルーツの決め手であった。隆線重弧文のモチーフの系譜はいまだによくわからないが、隆線連子文は明らかに大洞A_1式土器であるから、二条の隆線は東北地方にルーツが求められる。問題は、重弧文が板付I式土器と遠賀川式土器の典型的な文様モチーフであることだ。その場合は隆線ではなく沈線なので、「沈線重弧文」と呼ばれている。

†弥生文化における縄文文化の役割

これらはいずれも壺形土器である。壺形土器は、北部九州では弥生時代に登場する器種である。おもな用途としては、種籾などを貯蔵するためのものであり、文様で飾られてきれいに仕上げられていることからすれば、農耕文化のシンボリックな意味をもっている。広範囲に広がる沈線重弧文は、特に象徴的な意味があるとみてよい。

弥生人が文化をも象徴するような土器の新器種をつくりあげるときに、朝鮮半島や在地の土器ばかりではなく、東日本、それも東北地方の土器の文様を取り入れたのである。縄文土器が弥生土器の形成に一役買っていたこと、つまり縄文文化も弥生文化の形成に役割を果たしていたということのもつ意味は大きい。

これまでの研究では、弥生文化は北部九州で生まれて東へと伝わったというのが定説であった。遠賀川式土器の東への伝播の研究がその典型例である。それは正しいかもしれないが、一面しかみていない。東日本の縄文土器の影響もあったという考えも、これまで意識の端にはのぼってきたが、具体的な証拠にもとづく立論とはいいがたかった。われわれは、さっそくその成果を連名で発表した〔設楽・小林二〇〇七〕。思い出に残る論文である。

4　壺形土器と穀物栽培

†壺形土器増加の第一の画期

北部九州の弥生土器には壺形土器が重要な役割をなしているが、他の地域ではどうであろうか。私どもの科研ではこの点を問題にして、各地の弥生土器形成期の土器組成を調べ、それが穀物の変化の傾向とどのような関係をもっているのか探ることを研究テーマの一つとした。それは、弥生農耕を農耕文化複合としてとらえる構想の一環である。

二五八〜二五九頁の上図は、北部九州から東北地方までの縄文晩期後半から弥生前期の土器の年表である。①〜⑥まで六期に分け、穀物の初現を種類ごとに記号で示した。網掛けは、水田稲作が開始される弥生時代の始まりを示す。下図は、それに対応する土器組成の変化グラフである。表には土器型式の名前が入っているが、わずらわしいので①〜⑥の数字で対照していく。

壺形土器の第一の画期は、全器種のなかで壺の比率が一割ほどになる時点である。北部九州の②期で約九％、近畿地方の④期で九％、東海地方の⑤期で約一五％、中部高地地方の⑤期後半で八〜九％である。東海地方以外はいずれも一割に満たないので大したことはないと思われるかもしれないが、その直前はいずれの地域も一〜三％だから、大きな変化といってよい。

その第一の画期とは、どのような時期だったのだろうか。北部九州の②期は、水田稲作が始まった弥生早期である。近畿地方の④期と東海地方の⑤期は、最古の遠賀川式土器が出現した弥生前期だが、図に用いた遺跡は近畿地方が突帯文土器、東海地方が遠賀川式土器の影響を受けた条痕《じようこん》文土器という縄文系の弥生土器を主体とする遺跡である。中部高地地方の⑤期後半は、条痕文土器の影響が強まる縄文晩期終末である。

南関東	北東北	
安行 3d 式・前浦Ⅱ式	大洞 C_2 式(古)	縄文晩期後葉～終末
	大洞 C_2 式(新)	
■ 桂台式	大洞 A_1 式	
千網式／荒海 1 式	大洞 A_2 式	
▲ 荒海 1 式／2 式	大洞 A' 式	
● 荒海 3 式／4 式	●▲ 砂沢式	弥生前期

上図：縄文晩期～弥生前期の土器編年
＊網かけは弥生時代
▬▬ 壺形土器比率第 1 の画期
■■■■壺形土器比率第 1 の画期（推定）
▬▬ 壺形土器比率第 2 の画期
＊穀物圧痕の初出（中沢 2019 を改変）●：イネ
▲：アワ　■：キビ

下図：縄文晩期後半～弥生前期の土器組成比率の変化
（左の○数字は表に対応する）

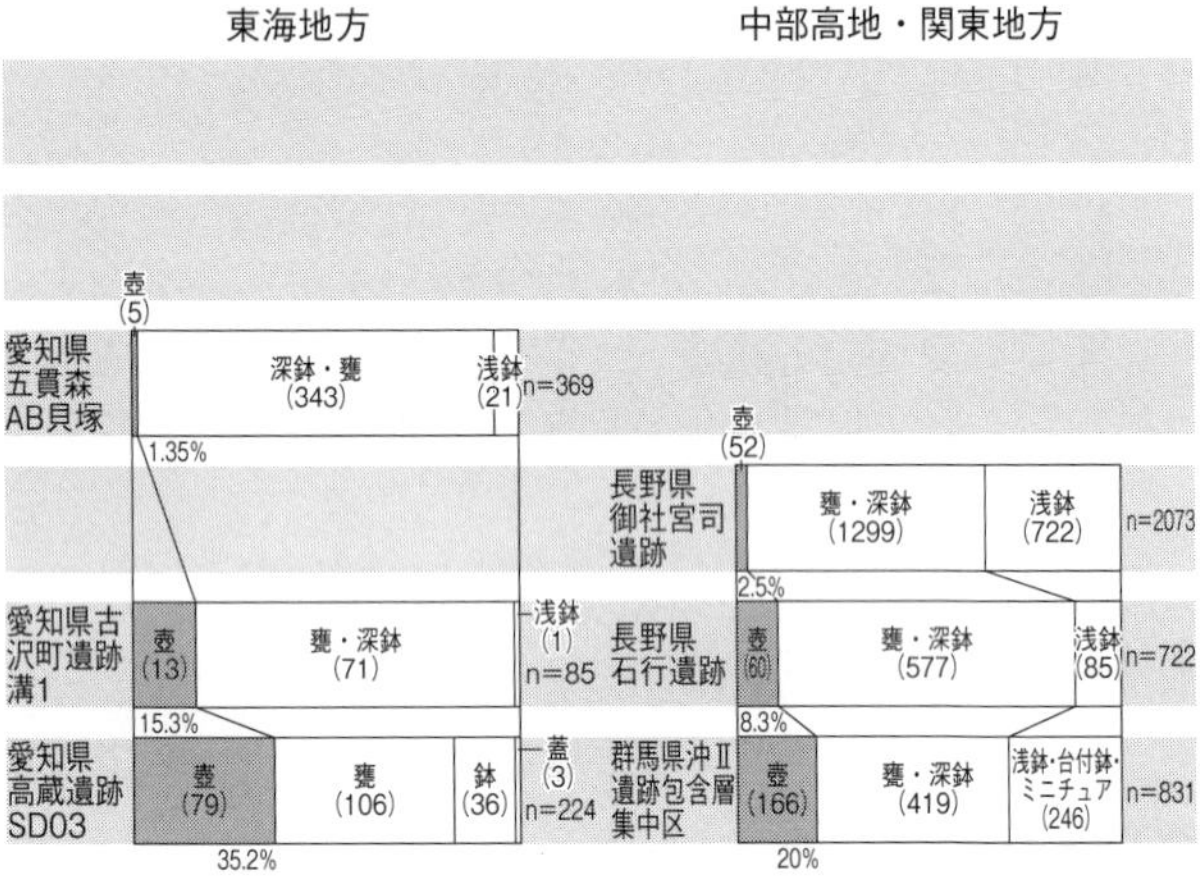

		九州	中国	近畿	東海西部		中部高地
①	縄文晩期	●▲長行Ⅰ式	●桂見Ⅰ式・前池式	滋賀里Ⅳ式	突帯文土器	西之山式	佐野Ⅱa
②	弥生早期	■夜臼Ⅰ式	▲■桂見Ⅱ式・津島岡大式	●口酒井式		馬見塚F地点式	佐野Ⅱb
③		夜臼Ⅱa式	古市河原田式・沢田式	■船橋式		▲■五貫森式	●▲■女鳥羽川
④	弥生前期	板付Ⅰ式・夜臼Ⅱb式 板付Ⅱa式	遠賀川式(古)・古海式	▲遠賀川式(古)・長原式		馬見塚式	離山式／氷Ⅰ式(古
⑤		板付Ⅱb式	遠賀川式(中)	遠賀川式(中)・水走式		●遠賀川式(中)・樫王式	条痕文系土器 氷Ⅰ式／(新)
⑥		板付Ⅱc式	遠賀川式(新)	遠賀川式(新)	遠賀川式(新)・水神平式		条痕文系土器 氷Ⅱ式

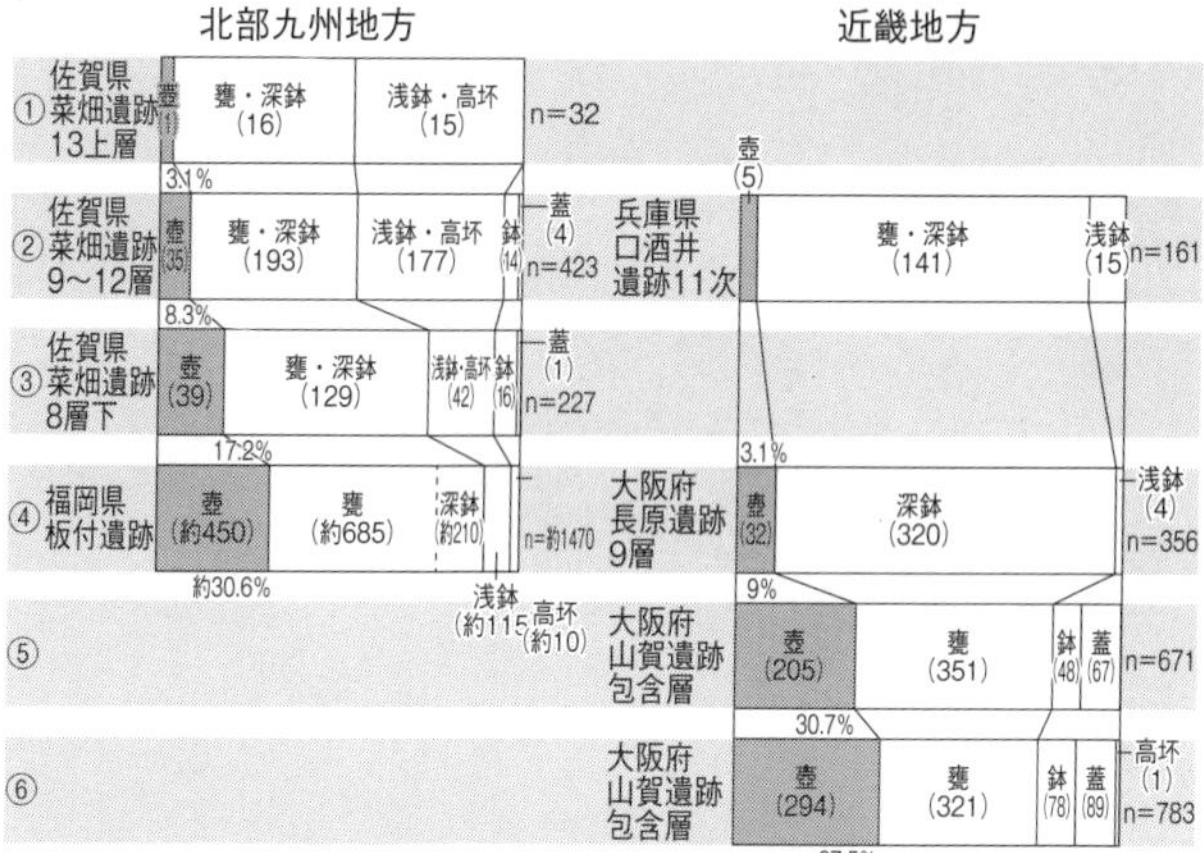

†第一の画期と第二の画期の意義

このように、第一の画期は各地でイネや雑穀すなわち穀物が出現し、多くの地域で水田稲作が始まるが、まだ本格的な弥生土器の板付Ⅰ式や遠賀川式土器が主体になる以前、あるいはそれと併行する縄文系の土器を主に用いた地域や遺跡の時期であった。

④~⑤期は、縄文系土器と遠賀川系土器が濃淡をもちながらも入り混じる複雑な様相を帯びているが、単純化すれば穀物や水田の出現も壺形土器の増加も、西から東に階段状になっている。タイムラグはあるものの、農耕と壺形土器の比率増加が同調しているのが図表からわかる。

第二の画期は、壺形土器の数量比が三割を超える時点である。壺形土器の比率は、北部九州の④期の板付Ⅰ式で約三〇％、近畿地方の⑤期と東海地方の⑥期の遠賀川式土器で約三〇％、中部高地地方の⑥期の条痕文系土器が浸透した時期で四四％である。

第1章で述べたように大阪府讃良郡条里遺跡の土器で行ったレプリカ調査の結果、遠賀川式土器と突帯文土器でイネと雑穀の比率が大きく異なっていることがわかった。遠賀川式土器およびそれに影響を受けた土器の時期に壺形土器が三割を超えるのは、イネに特化する暮らしが作用したものであろう。

†雑穀と壺形土器

第1章で、中部高地地方では縄文晩期終末にアワ・キビの雑穀栽培が始まり、雑穀主体の農耕は水田稲作を取り入れた弥生前期から中期前半まで継続していたことを述べた。穀物利用の推移を整理して土器組成の変化がそれとどのように対応しているのか調べたので、その結果にもとづいてまとめておこう。

定点的な調査の対象にしたのは長野県域のほぼ中央部、松本盆地周辺である。この地域で土器に穀物の圧痕が出現するのは③期の縄文晩期後葉である。アワ・キビの圧痕もまだ少なく、イネの圧痕は一例だけでその後に続かない。

アワ・キビの圧痕が格段に多く検出されるのは、⑤期後半の縄文晩期終末である。そして⑥期の弥生前期にわずかながらイネが加わり、弥生中期にイネの圧痕比率は穀物全体の一五％弱にまで増加した。

壺形土器の比率は穀物圧痕がごくわずかな③期で一〇％未満だが、雑穀の圧痕が急増する⑤期後半に約九％となる。⑥期の弥生前期は四四％だが、弥生中期初頭が約三三％であることからするとこの数字は異常に高く、同じく雑穀が主体の農耕である群馬県域の同時期の壺の比率が二〇％なので、このくらいだとみておいた方がよいだろう。

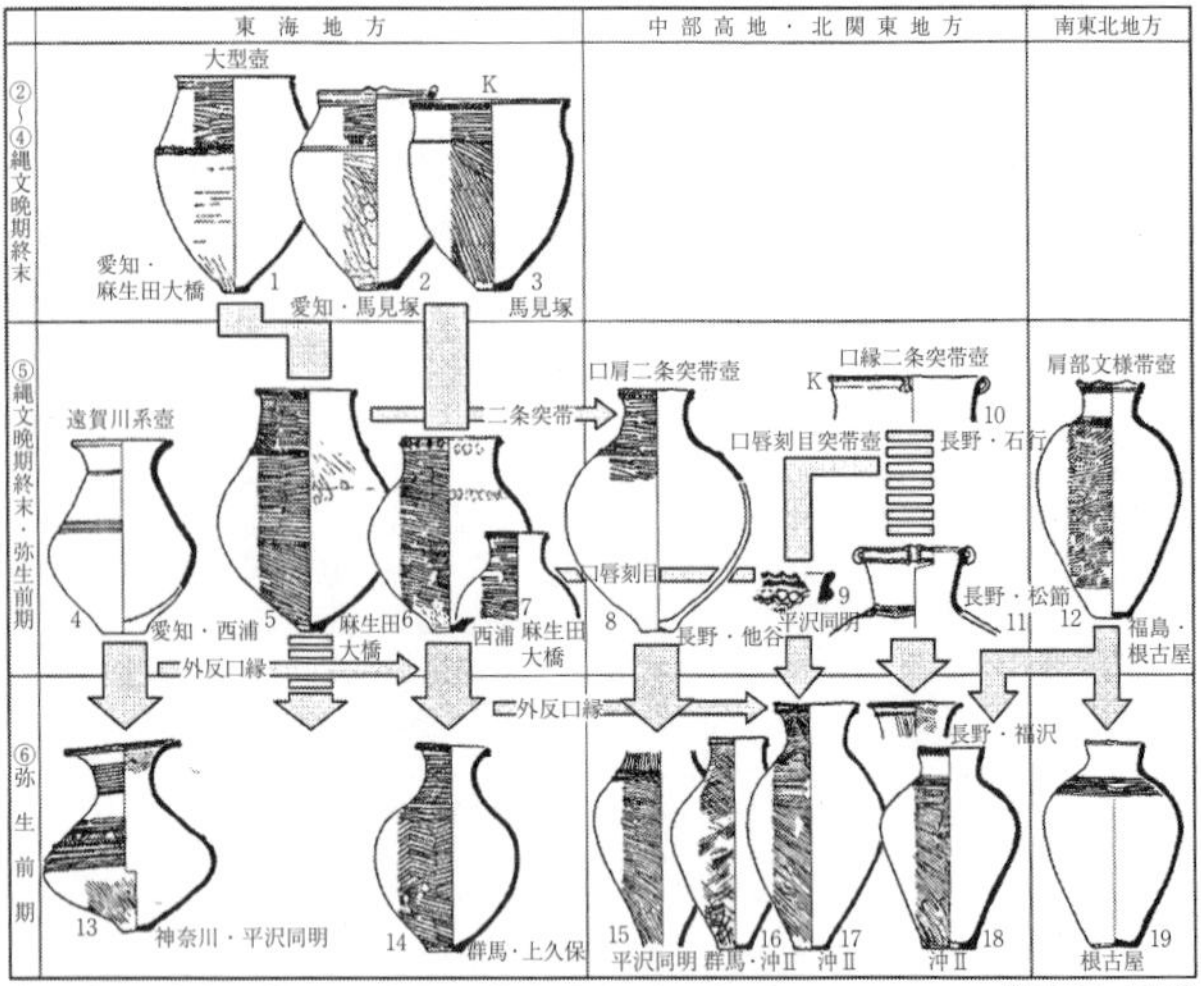

東日本の弥生時代壺形土器の成立過程（設楽図）

（縮尺不同，Kは甕）

いずれにしても、雑穀栽培でも水田稲作地帯と同じような比率で壺の比率が高まっていくことに注目しなくてはならない。農耕に大きく依存していれば、穀物の種類を問わずに壺形土器の比率が高まることは、藤尾慎一郎による九州の土器組成の検討からも確認されている〔藤尾二〇一九〕。

†中部高地地方の土器と農耕

もう少し、中部高地地方の弥生土器の由来を深めておこう。それには、伊勢湾地方の土器が鍵となる。

中部高地地方の弥生土器には、伊勢湾地方の縄文土器に由来する条痕文《じょうこんもん》土器の強い影響が認められる。条痕は、土器の器面につけられた荒っぽい条線で、条肋《じょうろく》という貝殻の縁のギザギザや棒束状の器具で器面を整えたときにできる線である。ジグザグにつけることもあり、条痕も縄文と同じく器体を引き締める役割というよりも装飾効果が高いので、条痕文という。

伊勢湾地方では、条痕文土器と遠賀川式土器は、一つの遺跡で一緒に出土することが多い。遠賀川式土器は、平行沈線を主体に簡素な文様でつるつるした無文の部分が目立つ。それに対して、条痕文土器はあたかも遠賀川式土器に対抗するかのように器面全面を条痕で覆い尽くす。自己主張の強さを感じる。

遠賀川式土器は貯蔵機能と煮沸《しゃふつ》効果を高めるためか、壺、甕ともに口縁部が大きく開くが、条痕文土器はそれを真似るように⑤期から⑥期にかけて口が開くようになる。農耕民の土器としての機能は、遠賀川文化にならっているのだ（図）。

伊勢湾地方のレプリカ調査はそれほど進んでいないのでこれからの課題だが、低地に立地することの多い遠賀川文化が水田稲作を中心に行うのに対して、台地に広がる条痕文文化は雑穀を中心としていたのだろう。第3章の狩猟を扱った部分でも述べたように、弥生前期の中部高地地方や北関東地方は、土器とともに農耕スタイルも条痕文文化の影響を受けたと考えられるので、神奈川県中屋敷遺跡などの弥生文化を条痕文文化の系統をひいたという意味で条痕文系文化と呼んでおきたい。

縄文晩期は寒冷な時期で、集団の規模も小さくなった。条痕文文化の影響を受けた集団は、規模の大きさな共同作業と組織力を必要とする灌漑水田稲作に対して、集団の規模に応じてこぢんまりとした畠作を選んだ。これが、中部高地、関東地方の集団が雑穀栽培を主体としていた理由である。

†東北地方北部の土器と農耕

東北地方北部における、縄文時代から弥生時代の土器組成の変化については未検討なので、別の角度からその特徴を述べてみたい。

砂沢式土器は、青森県弘前市砂沢遺跡から出土した土器によって名づけられた。文様は亀ヶ岡式土器最後の大洞A式土器とあまり変化はなく、壺、甕、鉢、台付土器などからなる器種組成もさほど変わらないので、これまで縄文晩期終末の土器とされていた。

ところがそのなかに、遠賀川式土器の文様や製作技術など様々な要素が取り込まれた壺形土器がまじっていることがわかり、さらにその特徴を分析したところ、砂沢式の遠賀川系土器は日本海側を経由して西日本から影響を受けて成立したと考えられたのである〔佐原一九八七〕。

甕形土器も、遠賀川式土器の特徴をよく踏まえている。砂沢遺跡からは水田の跡もみつかり、こうなればもう砂沢式土器は縄文時代ではなく弥生時代、それも前期に属するとみなすのが妥当だろうという意見が強くなった。

砂沢式土器には、農工具の太型蛤刃《ふとがたはまぐりは》石斧や両側面がストレートな管玉など、遠賀川文化に顕著であるが中部高地や関東地方の弥生前期にはめったにない大陸系の遺物が伴う。青森県八戸市荒谷遺跡では、未使用の抉入片刃《えぐりいりかたは》石斧が土坑のなかにきれいな石の入った土器とともに納められていた（図）。長い縄文時代のはてに、遠賀川文化による大きな文化変化があったことのもつ意味は大きい。

青森県荒谷遺跡の出土遺物（右上：抉入片刃石斧、八戸市教育委員会蔵）

砂沢式土器のレプリカ調査の結果、イネの圧痕しか見つからなかったことは第1章で述べた通りである。遠賀川文化が水田稲作にウェイトを置いた農耕文化であることと、砂沢式土器が遠賀川式土器の影響を受けた土器であることは切っても切れない関係にある。

水田の経営に使った道具が何だったのかはいま一

つよくわからないが、大陸系の遺物を宝器のように扱っている。こうした革新的な性格をもつ一方で、土偶や土版をかなりの数残し、土器の口縁も波状が強くなるなど保守的な性格もうかがえる。この文化を、砂沢文化と呼んでおきたい。

†穀物栽培と農耕文化複合

中部高地地方や北関東地方は、弥生中期中葉に至っても雑穀の圧痕が高い比率を占める。北部九州から東海地方まで、壺の比率が一〇％ほどになるのが穀物農耕の第一の画期であるとしたが、それに従えば、アワ・キビの圧痕が格段に増えて壺が一〇％近くになる⑥期後半の氷I式新段階が、その時期である。

第7章でみてきたように、農耕文化の影響によって土偶が変化して生まれた「土偶形容器」もこの時期に出現する。石器も農耕文化によって変化したのではないかと、第3章で述べた。

農耕文化複合の視点からすると、この段階がこの地域の弥生文化成立期とみなすべきかもしれないが、神奈川県中屋敷遺跡などイネの圧痕や炭化米が出現し、おそらく水田稲作に着手し、壺形土器が二〇％を超す⑥期をもって、中部高地や関東地方の弥生時代の始まりとみておきたい。

この地方で雑穀栽培にウェイトを置いていった理由は既に論じたが、東北地方北部が水田稲作に特化して、遠賀川式土器の壺と甕を模倣していることと、中部高地・北関東地方の雑穀栽培と条痕文系土器というコントラストをどう評価すればよいのかという問題は未解決である。

さて、弥生前期の東日本の土器にみられた縄文土器要素の復活劇にはなにが隠されているのだろうか。日本列島の弥生文化という農耕文化は意外と様々であったが、歴史のなかでそれはどのような意味をもっているのだろうか。これまで述べてきた、縄文時代の複雑採集狩猟民と弥生時代の農耕文化複合の様相を思い起こしながら、これら未解決の問題の解答を考えて、本書を閉じることにしよう。

終章　弥生のなかの縄文

†縄文系弥生文化再考

ひと口に弥生文化といっても、ずいぶんと多様なことに気づかれたと思う。特に西日本の遠賀川文化と東日本の条痕文系文化、あるいは東北地方の砂沢文化など、同じ弥生文化としてくくってよいのか疑問に思われたかもしれない。

私はかつて、「大陸系弥生文化」と「縄文系弥生文化」という概念によって、弥生文化の多様性を理解しようとした。山内清男が示した弥生文化の三要素のうち、特に大陸系の要素が顕著な文化と縄文系の要素が顕著な文化により弥生文化を二分したのである。

こうした試みに対して、二元的な枠組みでは弥生文化の真の多様性を把握しそこなうという石川日出志の批判〔石川二〇一〇〕や、そもそも縄文系弥生文化は弥生文化といえるのかという藤尾慎一郎の批判〔藤尾二〇一一・二〇二一〕があり、いずれも一理ある。

これらの批判への応答は後回しにするが、佐原真の「弥生文化はみんな縄文系や」という批判はいまでも耳に残っており、これを糸口に少し軌道修正しておきたい。

佐原は「弥生人が日本列島にやってきて……」であるとか、「大陸から弥生文化が農耕とともに……」といった表現に対して、ことあるごとに反論していた。弥生文化は日本列島で生まれたものだから、私の「大陸系」という言い回しにビビッときたのだろう。

「系」には「系譜」と「体系」の意味があり、佐原の批判もそうだが歴史を扱う考古学は前者を念頭に置く場合が多い。「縄文系弥生文化」という概念をつくった当時、「燃焼系」や「アキバ系」というくくりが巷間《こうかん》にあって、それを意識して後者の意味にもとづいたつもりであった。「縄文的弥生文化系」の方が、誤解を避けて本来言いたかったことを表している。

†システムとしての農耕文化複合

もう少し「体系」の点から説明しておこう。

系統解剖学の養老孟司《ようろうたけし》によると、系統解剖学は人体を系統（システム）に分けて研究する学問とされる。人体は「骨格系」「筋肉系」「神経系」などからなるが、それらは階層構造をなしていてその頂点が人体である。基本的な単位（モジュール）である個々の系（サブシステム）の総合系が人体であるとみなすのが複雑な構造をなしている人体に対する伝統的な見方であり、それは社会―個人という形で人間社会にも適用できるという。システム論的な考えである。

欧米ではシステム論が早くから考古学に導入された。人間を動植物や自然環境の一部ととらえ、その活動を生態系への働きかけ――相互作用――の視点からとらえ直す機能主義的なアプローチが戦前からイギリスのグレアム・クラークらによって推進され、のちのプロセス考古学へとつながっていった。「農耕文化複合」の概念（第1章）はこれに近く、農耕を道具や技術というサブシステムの総合系とみなすシステム論にもとづいている。

植物学の中尾佐助の言葉をかりて、農耕文化複合の概念を説明すると、「生きていくうえでの技術や習慣、規範などが総合された〝文化〟のうち、農業に関係するものだけでも、作物の品種・栽培技術・加工技術・宗教儀礼・農地制度など異質のものが必ず集まって、それらが相互に絡み合った一つのかたまりとみられる。それを〝農耕文化複合〟と呼ぶ」（中尾一九六六）。

†遠賀川文化の農耕システム

微高地に集落を構えて水田稲作にウェイトを置くのが、遠賀川文化の生業システムや居住システムの典型的なパターンであるが、その場合の農耕に直接関係したサブシステムとして、以下のメニューを取り揃えている。

・栽培種系統——イネを主要な栽培の対象にする。
・栽培技術系統——灌漑を行い水田で栽培する。
・栽培道具系統——鍬や鋤といった木製農具と、それをつくるための大陸系磨製石器を整える。
・食料貯蔵／加工技術系統——籾を土坑や高床倉庫に蓄えて種籾を壺形土器に貯蔵し、臼・竪杵を用いて脱穀する。
・儀礼系統——鳥形木製品、木偶といった農耕儀礼の道具を用いる。

生業システムとしては、選別型生業体系（第1章）が特徴的である。さらに間接的なサブシステムとして、集落は居住域と墓域が分離して祖先祭祀を居住域で行い、農耕に伴う利害を戦争によりコントロールし、漁撈は水田関連施設に内水面漁撈を取り込むなどの特徴をもつ。また狩猟動物のうちイノシシの初歩的な家畜化を試みるなど、多くが大陸に由来するサブシステムから成り立っている。

†条痕文系文化の農耕システム

中部高地、関東地方の条痕文系文化における農耕のサブシステムの特徴は、以下の通りである。

・栽培種系統――アワ・キビを主要な栽培の対象とする。

・栽培技術系統――畠で栽培する。

・栽培道具系統――石鍬や穂摘具などは、縄文系の石器を農具に変化させている。

・食料貯蔵／加工技術系統――穀類は壺形土器に貯蔵したであろう。石皿や磨石を用いて製粉したであろう。

・儀礼系統――木偶の影響により、土偶を男女像に変化させる。

間接的なサブシステムとして祖先祭祀は縄文文化を踏襲するが、大型壺を葬制に用いる。石鏃の小型化は、狩猟に対する農耕の内部化現象の可能性がある。

このように、条痕文系文化の農耕システムには縄文系の要素が強いが、子細に観察すれば、土器や石器や土偶などその多くが農耕文化による変容を遂げていることがわかる。生業システムとしては、中屋敷遺跡のように縄文系の植物利用も継続した複合的な網羅型生業体系であるが、農耕に収斂するサブシステムからなっているので、農耕文化複合といってよい。

福井勝義が指摘したように、雑穀栽培は水田稲作に匹敵する本格的な農耕であり、食料資源を季節ごとに利用する年間スケジュールに従う縄文時代の生業システムと基本的に対立する。

†複雑採集狩猟民社会の規範

同じ農耕文化複合といっても、遠賀川文化と条痕文系文化の二つの農耕システムは大きく異なっている。大陸的な文化要素が強い遠賀川文化と、縄文的な文化要素の強い条痕文系文化の違いはなぜ生じたのだろうか。また、遠賀川文化が南西諸島を除く西日本一円に拡散し、それが三河地方あたりでストップした理由は何だろうか。それを「複雑採集狩猟民」(第6章)の視点から考えてみたい。

縄文晩期の日本列島は、大雑把にいえば東日本の亀ヶ岡文化と西日本の黒色磨研、突帯文文化に分かれていた。細かく言えば、関東地方から東海地方には安行式《あんぎょう》など在地の文化が広がるが、それらが亀ヶ岡文化の強い影響を受けていた点と黒色磨研、突帯文文化と大きく異なる点からすれば、東西で二分されていたとみても大きな間違いではない。

縄文晩期の二者の違いは何かといえば、亀ヶ岡文化や安行文化の担い手が複雑採集狩猟民であるのに対して、黒色磨研、突帯文文化はそうではない点である。複雑採集狩猟民の社会では、その機構を維持するために儀礼が発達した。

縄文晩期に複雑さを増した三河地方の抜歯は、晩期終末の関東地方に及び、弥生中期までその複雑さは保たれた。さらに晩期終末の黥面《げいめん》土偶から、イレズミもまた複雑さを増したことが推測できる。中部地方から南東北地方では、縄文晩期の再葬を母体として弥生再葬システムが整い、通過儀礼の意味が強い祖先祭祀が発達した。

条痕文系文化の地域が遠賀川文化を阻んでいたのは、複雑採集狩猟民社会の伝統的な規範であった。逆に突帯文文化の社会はそれがゆるかったために、比較的容易に新しい文化や社会への転換がなされたのではないだろうか。

朝鮮半島の松菊《しょうぎく》里型住居は愛知県朝日遺跡にまで及び、この遺跡から出土した人骨のDNAは大陸系のものだった。遠賀川文化が大陸的な要素をメインとするのは、渡来人の関与が強いからであろう。

†砂沢文化形成の背景と評価

では、複雑採集狩猟民の親玉のような亀ヶ岡文化が水田稲作を受け入れたのはなぜか、という問題が生じる。レプリカ調査の結果によれば、砂沢文化の農耕は水田稲作に特化しているといってよいので、受け入れるというより積極的に導入した可能性すら感じさせる。

その理由を、水田稲作開始期に北部九州にまで出かけていった亀ヶ岡文化の人々の行動に求めてみたい。そこで人々が目にしたものは、まったく新しい文化システムであった。灌漑により水田でイネを育て、真っ赤に塗られた土器を用い、木製農具をつくるためのシャープな大陸系磨製石器を取り揃え、尖った武器を保持した人々に驚嘆したであろう。土器二型式の後、およそ三〇〇年が経ってからであるが、日本海を通じて西日本から灌漑水田稲作を導入したのは、新しい文化に対する羨望のようなものが後押ししたのではないだろうか。

導入したのは灌漑水田稲作と遠賀川式土器の模倣くらいのもので、文化システムの導入には程遠く、弥生中期中葉になって水田が低地に移行して面積が拡大されたときにようやく木鍬が登場したに過ぎない。また、砂沢文化の水田跡は弘前《ひろさき》平野の砂沢遺跡だけであり、さらに、中期中葉になっても弘前平野を越えて水田が広がる様子は今のところ不明である。

東北地方北部では弥生後期以降に水田は続かない〔斎野二〇〇五〕。継続性がある要素を指標とする時代区分の原則に照らせば、弥生時代としては失格のようにみえる。

だが、土器のイネ籾痕はレプリカ調査によって八戸地域など至るところで確認されており、遠賀川系土器も局地的であるが東北地方一円に広がりをみせる。そして、中部高地地方や関東地方では弥生前期にまったくなかった抉入片刃石斧《えぐりいりかたはせきふ》を宝物のように扱うなど、新文化入手に対する情熱は関東地方以上にうかがうことができる。弘前平野では、弥生中期に垂柳《たれやなぎ》遺跡のような低平な微高地に居を移して、木製農具を導入して水田の面積を拡大した。

少なくとも江戸時代より長い三〇〇年もの期間、技術改良などを試みつつ稲作にこだわり続けたのであり、気候寒冷化で立て直すことができなかったという不可抗力からすれば、新しい時代への動きとともに、二度と縄文文化へと回帰することがなかったことは評価しなくてはならないのではないだろうか。垂柳遺跡の弥生中期中葉の土偶は大型だが、文様も稚拙でもはや亀ヶ岡文化の昔日の面影はない。

†二元論批判に対して

東北地方北部の水田志向は、縄文晩期の亀ヶ岡文化の影響力の強さがもたらしたものだろう。亀ヶ岡式土器は、晩期前半には近畿地方付近にまで達し、そこで突帯文土器の前身の黒色磨研土器の文化と接触していた。このネットワークを通じて北部九州の一角に出現した新しい文化の情報が東北北部へともたらされ、はるばると二〇〇〇キロの荒波を越えて亀ヶ岡文化の人々をそこに引き寄せて砂沢文化を形成するきっかけをつくった。

一方の条痕文系文化は、遠賀川文化と対抗しながら新しい文化を形成した。寒冷化による人口の減少が、水田稲作のような規模の大きな協業を要する農耕よりもこぢんまりとした畠作に条痕文系文化の人々を向かわせたと考えられる。それぞれの地域のお家事情に応じて、東日本の縄文的弥生文化も一様ではない。

しかし、そのような細かな地域差を超えた違いが、遠賀川文化と非遠賀川文化の間にある。石川の二元論批判では、弥生中期の関東地方ですらいくつかの様子が異なる文化複合を形成した点が強調されているが、利根川をはさんだ東西で、遠賀川文化的な要素を継承した西地域とそれが希薄な東地域と二分されて、そのなかがさらにモザイク状に細分されるとみたほうがよい。

†時代区分論からみた縄文・弥生

もう一つの批判である、縄文的弥生文化系を弥生文化の埒外とする意見はどのように評価されるだろうか。

藤尾慎一郎は、環濠集落が出現し、格差が顕在化して戦いも始まるなど、社会が急速に質的に変化して農耕社会が成立したことをもって弥生時代の開始とする。さらに弥生時代を古墳時代の前史ととらえて、その路線にのった文化と社会を弥生文化、弥生社会とみなす。本書でまとめた遠賀川文化はその典型例だろう。

たしかに弥生早期は当初から専用の武器による殺傷人骨があり、環濠集落が出現するのも早期である。戦争によって階層構造が変化していくポテンシャルは、遠賀川文化のもとになる弥生早期の突帯文文化に備わっていたとみてよい。

一方、弥生早期・前期段階の階層化は未熟で、縄文晩期と同等のヘテラルキーの状態にある。世襲も縄文文化と変わらない。本書では触れなかったが、石器の生産と流通も縄文文化の仕組みを踏襲している。これらに変化が訪れるのは、鉄器が導入されて青銅器が普及する中期初頭であり、首長制社会が生まれて前方後円墳体制の準備がなされていくまでにはまだいくつもステップを踏まなくてはならなかった。

近藤義郎《よしろう》は、旧石器時代/縄文時代/弥生時代/古墳時代という日本の時代区分がどのようになされてきたか振り返り、それぞれの画期を区分する原理を、技術の変化、経済の変化、政治体制の変化と整理した〔近藤一九八六〕。弥生文化は佐原真と金関恕によって

「日本で食糧生産がはじまってから前方後円墳が出現するまでの時代の文化」と定義された〔佐原・金関一九七五〕。私はその定義に従い、「本格的な農耕」を「農耕文化複合」ととらえ、近藤の原理を踏襲して経済を中心とした農耕文化複合を弥生文化の指標にしたのである。

†民衆史の視点

戦前に山内清男は、青銅器が象徴する大陸の文化だけを強調し、漢代文化の伝播によって成立した青銅器時代という文化の型の存在を主張した森本六爾《ろくじ》の考え方を批判して、青銅器自体が一般的でないから民衆の生活から遊離しているとした〔山内一九三二b〕。

山内はそれにかえて土器を時代の表象とし、その文化を構成した背景に農耕の存在を見出した〔山内一九三二a〕。冒頭に述べた、大陸系、縄文系、固有の文化要素によって弥生文化が成り立っているという理解も森本には欠けていた。

歴史学の色川大吉《いろかわだいきち》は、柳田國男の「常民《じょうみん》」概念を「稲作をたずさえて渡来した弥生人ばかりでなく、それに帰属し融和した先住民としての縄文人を含んだ複合概念」と理解して、自らが歴史分析で使用する場合の「「底辺民衆」が支配・被支配の関係を前提とした政治的概念であるのに対して、常民は民間伝承を担う文化概念である」と述べた〔色川一九七八〕〈傍点筆者〉。

私もまた、農耕文化としての弥生時代の文化と社会について、文化的な概念と政治的な概念を切り分け、まずは農耕文化複合の視点から弥生文化の全体をとらえ、そのなかに古墳時代にむけての政治的な動きを中期以降加速していく文化系統とそうはならない文化系統があったと理解したい。

弥生時代のなかで農耕文化複合という同じシステムをもちながらも、遠賀川文化と非遠賀川文化という分化が生じ、それがやがて支配、被支配の関係を形成していくというコースの違いも農耕文化の多様性の一つと考えられないだろうか。

これは、政治的支配体制を築くにいたった西日本の弥生文化を偏重した歴史観に対する批判的な認識〔春成一九九九〕にもとづく理解である。

†革新と保守

民衆史の視点は、保守的と評価されるかもしれない。保守的といえば、砂沢文化では、土偶や土版など第二の道具が維持されている。砂沢式土器は波状口縁を復活させ、やがて磨消縄文も復活して東日本一円の弥生土器を飾るようになった。水田稲作という新文化が革新であるとすれば、伝統的な文化要素の復活や維持という保守的な動きが強く認められるのである。

東日本におけるこのような保守的な動きをとらえて、弥生文化という新しい世界に入れることに難色を示す場合がある。しかし、革新と保守のせめぎあいは、なにも東北地方や東日本に限ったことではない。例えば朝鮮半島では無文だった銅鈴《どうれい》を起源とする銅鐸に、縄文土器や遠賀川式土器にルーツがある文様が描かれていること、遠賀川式土器は簡素な文様だったが、弥生中期の櫛描文は文様の面積を拡大していくことなど、西日本の弥生文化にも至るところに保守的な動きが認められる。

弥生文化は、「大陸系」「縄文系」「固有」という三要素から成り立っているという山内清男の問題提起があらためて思い起こされるのである。弥生文化の複合性、ひいては日本文化の源流を探るためには、縄文人のＤＮＡを掘り起こす作業が求められるのではないだろうか。

あとがき

本書では、東日本からの視点で縄文文化と弥生文化を比較してあれこれ述べてきた。複雑採集狩猟民や農耕文化複合という概念を使っての分析は、それが構造的な枠組みである以上、様々なサブシステム、文化や社会の構成要素を駆使しなくてはならない。もとより本書でそれを論じつくすことは不可能であり、集落問題や生産と流通などには、ほとんど触れることができなかった。そうしたテーマからのアプローチや、西日本からの視点での考察は他書に譲ることにする。

関東地方や中部高地地方をフィールドにしていると、西日本をフィールドにしている考古学者とはまた違う文化像、歴史像がみえてくるようだ。もちろん関東にいる者同士でも意見が違うことがしばしばである。方法論をいくら整えても、結局それは歴史観の問題となるので、弥生文化をどうとらえるのか正解などはない。案の定、本書も最後はそうなったが、だから考古学は面白いのではないだろうか。

本書はいずれの章も基本的に書下ろしだが、以前に書いた論文や書籍の文を再構成したり一部利用した章や節があるので、参考までに底本・論文を示しておく。単行本以外の多くは『弥生文化形成論』塙書房（二〇一七年）に収録した論文なので、そちらをみていただければ幸いである。

第1章　「食糧生産の本格化と食糧獲得技術の伝統」『弥生時代の考古学5』同成社、二〇〇九年
第2章　「側面索孔燕形銛頭考」『海と考古学』六一書房、二〇〇五年
第3章　「東日本農耕文化の形成と北方文化」『稲作伝来』岩波書店、二〇〇五年
第4章　『顔の考古学』吉川弘文館、二〇二一年
第5章　「日本先史時代の人々は、死者をどのように扱ったのか」『死者はどこへいくのか』河出書房新社、二〇一七年
第6章　『縄文社会と弥生社会』敬文舎、二〇一四年
第7章　「弥生時代の男女像」『考古学雑誌91-2』日本考古学会、二〇〇七年
第8章　「弥生時代の世界観」『考古学講義』ちくま新書、二〇一九年
第9章　「弥生土器の文様とかたち」『國華126-1』國華社、二〇二一年

「食料生産と土器組成」『生産の考古学Ⅲ』六一書房、二〇二〇年

終章　「農耕文化複合と弥生文化」『国立歴史民俗博物館研究報告185』二〇一四年

最後になりましたが、編集を担当された筑摩書房の山本拓さんに、感謝申し上げます。

設楽博己

二〇二一年一一月

参考文献

赤澤威一九八三『採集狩猟民の考古学――その生態学的アプローチ』海鳴社
石川岳彦二〇一七「中国東北地方における先史時代の人物造形品」『弥生時代人物造形品の研究』同成社
石川日出志一九九九「東日本弥生墓制の特質」『新弥生紀行』朝日新聞社
石川日出志二〇一〇『農耕社会の成立』岩波新書
石黒直隆二〇〇九「DNA分析による弥生ブタ問題」『弥生時代の考古学5』同成社
石田英一郎ほか一九七五『シンポジウム　日本文化の源流』角川選書
泉拓良一九八五「縄文集落の地域的特質――近畿地方の事例研究」『講座　考古地理学4』学生社
井上洋一一九九〇「イノシシからシカへ――動物意匠からみた縄文社会から弥生社会への変化」『國學院大學考古学資料館紀要6』國學院大學考古学資料館
今村啓爾一九九九『縄文の実像を求めて』吉川弘文館
色川大吉一九七八『日本民俗文化大系1　柳田國男』講談社
岩崎卓也一九九〇『古墳の時代』教育社歴史新書

内野那奈二〇一三「受傷人骨からみた縄文の争い」『立命館文學633』立命館大学人文学会
大阪府立弥生文化博物館編二〇〇一『弥生都市は語る——環濠からのメッセージ』平成13年春季特別展図録、大阪府立弥生文化博物館
大塚和義一九八八「縄文人の観念と儀礼的世界」『古代史復元2』講談社
大林太良一九七七『邪馬台国——入墨とポンチョと卑弥呼』中公新書
岡田精司一九八八「古代伝承の鹿——大王祭祀復元の試み」『古代史論集 上』塙書房
岡本太郎一九五二「四次元との対話——縄文土器論」『みづゑ』一九五二年二月号、美術出版社
小畑弘己二〇一九『縄文時代の植物利用と家屋害虫——圧痕法のイノベーション』吉川弘文館
金関恕一九八二「神を招く鳥」『考古学論考』小林行雄博士古稀記念論文集、平凡社
金関恕一九八四「弥生時代の祭祀と稲作」『考古学ジャーナル228』ニュー・サイエンス社
金子浩昌一九八三「狩猟」『縄文文化の研究2』雄山閣
木下尚子一九八九「南海産貝輪交易考」『生産と流通の考古学』横山浩一先生退官記念事業会
九州大学医学部解剖学教室編一九七二『山鹿貝塚』山鹿貝塚調査団
日下宗一郎二〇一八『古人骨を測る——同位体人類学序説』京都大学学術出版会
國木田大・佐々木由香・小笠原善範・設楽博己二〇二一「青森県八戸市八幡遺跡出土炭化穀物の年代をめぐって」『日本考古学52』日本考古学協会
群馬県埋蔵文化財調査事業団編一九九四『新保田中村前遺跡Ⅳ』群馬県埋蔵文化財調査事業団
ケネス・M・エイムス、ハーバート・D・G・マシュナー著、設楽博己訳二〇一六『複雑採集狩

猟民とはなにか――アメリカ北西海岸の先史考古学』佐々木憲一監訳、雄山閣
釼持輝久一九九六「三浦半島南部の海蝕洞穴遺跡とその周辺の遺跡について」『考古論叢神奈河5』神奈川県考古学会
甲元眞之一九九一「弥生農耕の展開」『季刊考古学37』雄山閣
甲元眞之二〇〇八「東北アジア先史時代の生業活動」『青驪5』
工楽善通編一九八九『古代史復元5』講談社
国立歴史民俗博物館編一九九五『銅鐸の美』毎日新聞社
国立歴史民俗博物館編一九九九『新弥生紀行』朝日新聞社
小杉康一九八五「木の葉文浅鉢土器の行方」『季刊考古学12』雄山閣
小杉康一九九一「縄文時代に階級社会は存在したのか」『考古学研究37-4』考古学研究会
小杉康二〇〇五「子生みの造形・鼻曲りの造形」『地域と文化の考古学I』六一書房
小林謙一二〇〇九「近畿地方以東の地域への拡散」『新弥生時代のはじまり4』雄山閣
小林謙一二〇一九『縄紋時代の実年代講座』同成社
小林青樹二〇〇九「海人の性格」『弥生時代の考古学5』同成社
小林行雄一九四三「弥生式土器細論（遺物二）」『大和唐古弥生式遺跡の研究』京都帝国大学文学部考古学研究報告第16
小林行雄一九五九『古墳の話』岩波新書
近藤義郎一九八六「総論――変化・画期・時代区分」『岩波講座　日本考古学6』岩波書店

斎野裕彦二〇〇五「水田跡の構造と理解」『古代文化556』財団法人古代学協会
佐々木高明一九八六『縄文文化と日本人――日本基層文化の形成と継承』小学館
佐々木高明一九九一『日本の歴史1　日本史誕生』集英社
佐々木藤雄一九七三『原始共同体論序説』共同体研究会
佐々木由香二〇〇七「水場遺構」『縄文時代の考古学5』同成社
佐々木由香二〇〇九「縄文から弥生変動期の自然環境の変化と植物利用」『季刊東北学19』東北芸術工科大学東北文化研究センター
佐原真一九六八「銅鐸の美」『日本美術工芸363』日本美術工芸社
佐原真一九七三「銅鐸の絵物語」『國文學18-3』学燈社
佐原真一九八二「三十四のキャンバス――連作四銅鐸の絵画の「文法」」『考古学論考』小林行雄博士古稀記念論文集、平凡社
佐原真一九八七「みちのくの遠賀川」『東アジアの考古と歴史　中』岡崎敬先生退官記念論集、同朋舎出版
佐原真・金関恕一九七五「米と金属の世紀」『古代史発掘4』講談社
佐原真・春成秀爾一九九七『歴史発掘5　原始絵画』講談社
設楽博己一九九六「つきあいのはじまり」『動物とのつきあい――食用から愛玩まで』国立歴史民俗博物館
設楽博己二〇〇五a「側面索孔燕形銛頭考」『海と考古学』六一書房

設楽博己二〇〇五b「東日本農耕文化の形成と北方文化」『稲作伝来』岩波書店
設楽博己二〇一四『日本歴史 私の最新講義――縄文社会と弥生社会』敬文舎
設楽博己編二〇〇一『三国志がみた倭人たち』山川出版社
設楽博己編二〇一九『農耕文化複合形成の考古学』雄山閣
設楽博己・小林青樹二〇〇七「板付I式土器成立における亀ヶ岡系土器の関与」『縄文時代から弥生時代へ』雄山閣
設楽博己・工藤雄一郎・松田睦彦編二〇一六『柳田國男と考古学――なぜ柳田は考古資料を収集したのか』新泉社
設楽博己・近藤修・米田穣・平林大樹二〇二〇「長野県生仁遺跡出土抜歯人骨の年代をめぐって」『物質文化100』物質文化研究会
七田忠昭二〇〇三「佐賀平野の弥生時代環壕区画と大型建物――吉野ケ里遺跡を中心として」『日本考古学協会二〇〇三年度滋賀大会研究発表資料』日本考古学会
下條信行一九八九「弥生時代の玄界灘海人の動向――漁村の出現と役割」『生産と流通の考古学』横山浩一先生退官記念事業会
下條信行一九九一「北部九州弥生時代中期の「国」家間構造と立岩遺跡」『古文化論叢』児島隆人先生喜寿記念論集、児島隆人先生喜寿記念事業会
杉山浩平編二〇一八『弥生時代食の多角的研究――池子遺跡を科学する』六一書房
高倉洋彰一九七三「墳墓からみた弥生時代社会の発展過程」『考古学研究20-2』考古学研究会

高瀬克範二〇一〇「レプリカ・セム法による先史時代の植物利用に関する基礎的研究――青森県域出土土器を対象として」『古代学研究所紀要13』明治大学日本古代学研究所
高橋護一九九二「縄文時代の籾痕土器」『考古学ジャーナル355』ニュー・サイエンス社
高橋護・田嶋正憲・小林博昭二〇〇五「岡山県灘崎町彦崎貝塚の発掘調査」『考古学ジャーナル2005年3月号』ニュー・サイエンス社
高橋龍三郎一九九一「縄文時代の葬制」『原始・古代日本の墓制』同成社
高橋龍三郎二〇〇四『縄文文化研究の最前線』早稲田大学文学部
高山村教育委員会・湯倉洞窟遺跡発掘調査団編二〇〇一『湯倉洞窟』高山村教育委員会
田中良之一九九八「出自表示論批判」『日本考古学5』日本考古学協会
田中良之・土肥直美一九八八「出土人骨の親族関係の推定」『伊川津貝塚』渥美町教育委員会
谷口康浩二〇〇五『環状集落と縄文社会構造』学生社
谷口康浩二〇一七『縄文時代の社会複雑化と儀礼祭祀』同成社
谷口康浩二〇一九『入門 縄文時代の考古学』同成社
都出比呂志一九六八「考古学からみた分業の問題」『考古学研究15-2』考古学研究会
都出比呂志一九八九『日本農耕社会の成立過程』岩波書店
寺沢薫・寺沢知子一九八一「弥生時代植物質食料の基礎的研究――初期農耕社会研究の前提として」『橿原考古学研究所紀要5』奈良県立橿原考古学研究所
戸羽康一二〇一八「弥生時代の鉄器文化とかながわへの波及」『平成30年度第2回考古学講座資

料』
樋泉岳二二〇〇九「縄文文化的漁撈活動と弥生文化的漁撈活動」『弥生時代の考古学5』同成社
中尾佐助一九六六『栽培植物と農耕の起源』岩波新書
中沢道彦二〇〇九「縄文農耕論をめぐって――栽培植物種子の検証を中心に」『弥生時代の考古学5』同成社
中沢道彦二〇一二「氷I式期におけるアワ・キビ栽培に関する試論――中部高地における縄文時代晩期後葉のアワ・キビ栽培の選択的受容と変化」『古代128』早稲田大学考古学会
中沢道彦二〇一九「レプリカ法による土器圧痕分析からみた弥生開始期の大陸系穀物」『考古学ジャーナル729』ニュー・サイエンス社
中沢道彦・丑野毅一九九八「レプリカ法による縄文時代晩期土器の籾状圧痕の観察」『縄文時代9』縄文時代文化研究会
中沢道彦・丑野毅二〇〇五「レプリカ法による熊本県ワクド石遺跡出土土器の種子状圧痕の観察」『肥後考古13』肥後考古学会
中園聡一九九一「墳墓にあらわれた意味――とくに弥生時代中期後半の甕棺墓にみる階層性について」『古文化談叢25』九州古文化研究会
中園聡二〇〇五「九州弥生文化の展開と交流」『稲作伝来』岩波書店
中橋孝博一九九六「人類学からみた弥生の戦い」『倭国乱る』朝日新聞社
中村大一九九九「墓制から読む縄文社会の階層化」『最新　縄文学の世界』朝日新聞社

西口陽一一九八三「耳飾からみた性別」『季刊考古学5』雄山閣
西谷大二〇〇三「大きな罠小さな罠――焼畑周辺をめぐる小動物狩猟」『アジア・アフリカ言語文化研究65』東京外国語大学アジア・アフリカ言語文化研究所
西本豊弘一九九一「弥生時代のブタについて」『国立歴史民俗博物館研究報告36』国立歴史民俗博物館
根木修一九九一「銅鐸絵画に登場する長頸・長脚鳥」『考古学研究38-3』考古学研究会
橋口達也二〇〇一「戦争と地域社会」『講座日本の考古学5』青木書店
橋本裕行一九九六「弥生時代の絵画」『弥生人の鳥獣戯画』雄山閣
春成秀爾一九八七「銅鐸のまつり」『国立歴史民俗博物館研究報告12』考古学研究会
春成秀爾一九八八「葬送の世界」『図説検証　原像日本2』旺文社
春成秀爾一九九一「角のない鹿――弥生時代の農耕儀礼」『日本における初期弥生文化の成立』横山浩一先生退官記念論文集Ⅱ、文献出版
春成秀爾一九九九「弥生文化を見る眼」『新弥生紀行』朝日新聞社
春成秀爾二〇〇〇「変幻する龍」『ものがたり日本列島に生きた人たち5　絵画』岩波書店
春成秀爾二〇〇二『縄文社会論究』塙書房
春成秀爾二〇〇七『儀礼と習俗の考古学』塙書房
春成秀爾二〇一一『祭りと呪術の考古学』塙書房
春成秀爾二〇一三「腰飾り・抜歯と氏族・双分組織」『国立歴史民俗博物館研究報告175』国立歴

史民俗博物館
樋口昇一　一九九八「縄文後・晩期の土製耳飾り小考――大量出土の遺跡をめぐって」『國學院大學考古学資料館紀要14』國學院大學考古学資料館
福井勝義　一九八三「焼畑農耕の普遍性と進化――民俗生態学的視点から」『日本民俗文化大系5　山民と海人――非平地民の生活と伝承』小学館
藤尾慎一郎　一九八八「縄文から弥生へ――水田耕作の開始か定着か」『日本民族・文化の生成　永井昌文教授退官記念論文集』六興出版
藤尾慎一郎　二〇一一『〈新〉弥生時代――五〇〇年早かった水田稲作』吉川弘文館
藤尾慎一郎　二〇一九「再論・穀物農耕開始期の器種構成比率」『農耕文化複合形成の考古学　下』雄山閣
藤尾慎一郎　二〇二一『日本の先史時代――旧石器・縄文・弥生・古墳時代を読みなおす』中公新書
藤森栄一　一九七三「縄文人のお産――縄文農耕の存在を信じて」『どるめん創刊号』萩書房
北海道埋蔵文化財センター編　二〇〇九『恵庭市西島松5遺跡(6)』
町田章　一九七九『日本の原始美術9　装身具』講談社
松木武彦　二〇〇七『日本の歴史一　列島創世記――旧石器・縄文・弥生・古墳時代』小学館
馬目順一　一九六六「鹿角製漁撈具と水産資源の獲得について」『寺脇貝塚』磐城市教育委員会
豆谷和之　一九九四「弥生壺成立以前――馬見塚F地点型壺形土器について」『古代文化46-7』古代学協会

三品彰英一九六八「銅鐸小考」『朝鮮学報49』朝鮮学会
光本順二〇二〇「身体表現と考古学」『季刊考古学150』雄山閣
安室知一九九八『水田をめぐる民俗学的研究――日本稲作の展開と構造』慶友社
山鹿貝塚調査団一九七二『山鹿貝塚』山鹿貝塚調査団
山崎純男一九九〇「環濠集落の地域性――九州地方」『季刊考古学31』雄山閣
山田康弘一九九五「多数合葬例の意義――縄文時代の関東地方を中心に」『考古学研究42-2』考古学研究会
山田康弘二〇〇二「中国地方の縄文集落」『島根考古学会誌19』島根考古学会
山田康弘二〇一九「縄文時代におけるマメ科植物栽培の社会的ポテンシャル」『農耕文化複合形成の考古学 下』雄山閣
山内清男一九三二a「日本遠古の文化二――縄紋土器の起源」『ドルメン1-5』岡書院
山内清男一九三二b「日本遠古の文化五――縄紋式以後」『ドルメン1-8』岡書院
吉田晶一九九五『卑弥呼の時代』新日本新書
渡辺新一九九一『千葉県権現原貝塚の研究Ⅰ 縄文時代集落の人口構造』
渡辺仁一九九〇『縄文式階層化社会』六興出版
渡辺誠一九六六「自然遺物」『寺脇貝塚』磐城市教育委員会
Ian Hodder, 2009, *Symbols in action: Ethnoarchaeological studies of material culture*, Cambridge University Press.

ちくま新書
1624

縄文《じょうもん》VS.弥生《やよい》
——先史時代《せんしじだい》を九《ここの》つの視点《してん》で比較《ひかく》する

二〇二二年一月一〇日　第一刷発行

著　者　設楽博己（したら・ひろみ）

発行者　喜入冬子
発行所　株式会社筑摩書房
東京都台東区蔵前二-五-三　郵便番号一一一-八七五五
電話番号〇三-五六八七-二六〇一（代表）
装幀者　間村俊一
印刷・製本　株式会社精興社

ISBN978-4-480-07451-5 C0221

ちくま新書

1406
考古学講義
北條芳隆編
科学的手法の進展により新発見の続く考古学。その最先端をわかりやすく伝えるとともに、通説をそのままなぞるような水準にとどまらない挑戦的な研究を紹介する。

1300
古代史講義
——邪馬台国から平安時代まで
佐藤信編
古代史研究の最新成果と動向を一般読者にわかりやすく伝えるべく15人の専門家の知を結集。列島史の全体像が1冊でつかめる最良の入門書。参考文献ガイドも充実。

1576
埴輪は語る
若狭徹
巫女・馬・屋敷等を模した様々な埴輪。それは古墳に飾り付けられ、治世における複数のシーンを組み合わせて再現して見せ、「王」の権力をアピールしていた。

1169
アイヌと縄文
——もうひとつの日本の歴史
瀬川拓郎
北海道で縄文の習俗を守り通したアイヌ。その文化から日本列島人の原郷の思想を明らかにし、日本人にとって、ありえたかもしれないもうひとつの歴史を再構成する。

713
縄文の思考
小林達雄
土器や土偶のデザイン、環状列石などの記念物は、縄文人の豊かな精神世界を語って余りある。著者自身の半世紀近い実証研究にもとづく、縄文考古学の到達点。

1255
縄文とケルト
——辺境の比較考古学
松木武彦
新石器時代、大陸の両端にある日本とイギリスは独自の非文明型の社会へと発展していく。二国を比較することでわかるこの国の成り立ちとは？　驚き満載の考古学！

1207
古墳の古代史
——東アジアのなかの日本
森下章司
社会変化の「渦」の中から支配者が出現した、古墳時代の中国・朝鮮・倭。一体何が起こったのか。日本と他地域の共通点と、明白な違いとは。最新考古学から考える。

ちくま新書

1254 万葉集から古代を読みとく　上野誠
民俗学や考古学の視点も駆使しながら万葉集全体を解剖し、今につながる古代人の文化史、社会史をさぐる型破りの入門書。「表現して、残す」ことの原初性に迫る。

1460 世界哲学史1 ――古代Ⅰ　知恵から愛知へ　［責任編集］伊藤邦武／山内志朗 中島隆博／納富信留
人類は文明の始まりに世界と魂をどう考えたのか。古代オリエント、旧約聖書世界、ギリシアから、中国、インドまで、世界哲学が立ち現れた場に多角的に迫る。

1461 世界哲学史2 ――古代Ⅱ　世界哲学の成立と展開　［責任編集］伊藤邦武／山内志朗 中島隆博／納富信留
キリスト教、仏教、儒教、ゾロアスター教、マニ教などの宗教的思考について哲学史の観点から領域横断的に検討。「善悪と超越」をテーマに、宗教的思索の起源に迫る。

1462 世界哲学史3 ――中世Ⅰ　超越と普遍に向けて　［責任編集］伊藤邦武／山内志朗 中島隆博／納富信留
七世紀から一二世紀まで、ヨーロッパ、ビザンツ、イスラーム世界、中国やインド、そして日本の多様な形而上学の発展を、相互の豊かな関わりのなかで論じていく。

1463 世界哲学史4 ――中世Ⅱ　個人の覚醒　［責任編集］伊藤邦武／山内志朗 中島隆博／納富信留
モンゴル帝国がユーラシアを征服し世界が一体化へと向かう中、世界哲学はいかに展開したか。天や神など超越者に還元されない「個人の覚醒」に注目し考察する。

1464 世界哲学史5 ――中世Ⅲ　バロックの哲学　［責任編集］伊藤邦武／山内志朗 中島隆博／納富信留
近代西洋思想は、いかにイスラームの影響を受けたスコラ哲学によって準備され、世界へと伝播したか。中国・朝鮮・日本までを視野に入れて多面的に論じていく。

1465 世界哲学史6 ――近代Ⅰ　啓蒙と人間感情論　［責任編集］伊藤邦武／山内志朗 中島隆博／納富信留
啓蒙運動が人間性の復活という目標をもっていたことを、東西の思想の具体例とその交流の歴史から浮き彫りにしつつ、一八世紀の東西の感情論へのまなざしを探る。

ちくま新書

1466
世界哲学史7
——近代Ⅱ　自由と歴史的発展
［責任編集］伊藤邦武／山内志朗
中島隆博／納富信留
旧制度からの解放を求めた一九世紀の「自由の哲学」とは何か。欧米やインド、日本などでの知的営為を俯瞰し、自由の意味についての哲学的探究を広く渉猟する。

1467
世界哲学史8
——現代　グローバル時代の知
［責任編集］伊藤邦武／山内志朗
中島隆博／納富信留
西洋現代哲学、ポストモダン思想から、イスラーム、中国、日本、アフリカなど世界各地の現代哲学までを渉猟し、現代文明の危機を打開する哲学の可能性を探る。

1534
世界哲学史　別巻
——未来をひらく
［責任編集］伊藤邦武／山内志朗
中島隆博／納富信留
古代から現代までの『世界哲学史』全八巻を踏まえ、論じ尽くされていない論点、明らかになった新たな課題について考察し、未来の哲学の向かうべき先を考える。

601
法隆寺の謎を解く
武澤秀一
世界最古の木造建築物として有名な法隆寺は、創建・再建の動機を始め多くの謎に包まれている。その構造から古代史を読みとく、空間の出来事による「日本」発見。

895
伊勢神宮の謎を解く
——アマテラスと天皇の「発明」
武澤秀一
伊勢神宮をめぐる最大の謎は、誕生にいたる壮大なプロセスにある。そこにはなぜ、二つの御神体が共存するのか？　神社の起源にまで立ち返りあざやかに解き明かす。

1287-1
人類5000年史Ⅰ
——紀元前の世界
出口治明
人類五〇〇〇年の歩みを通読する、新シリーズの第一巻、ついに刊行！　文字の誕生から知の爆発の時代まで紀元前三〇〇〇年の歴史をダイナミックに見通す。

1287-2
人類5000年史Ⅱ
——紀元元年〜1000年
出口治明
人類史を一気に見通すシリーズの第二巻。漢とローマ二大帝国の衰退、世界三大宗教の誕生、陸と海のシルクロード時代の幕開け等、激動の1000年が展開される。

ちくま新書

1287-3
人類5000年史Ⅲ
――1001年～1500年
出口治明
十字軍の遠征、宋とモンゴル帝国の繁栄など人や物の交流が盛んになるが、気候不順、ペスト流行にも見舞われる。ルネサンスも勃興し、人類は激動の時代を迎える。

064
民俗学への招待
宮田登
なぜ私たちは正月に門松をたて雑煮を食べ、晴着を着るのだろうか。柳田国男、南方熊楠、折口信夫などの民俗学研究の成果を軸に、日本人の文化の深層と謎に迫る。

085
日本人はなぜ無宗教なのか
阿満利麿
日本人には神仏とともに生きた長い伝統がある。それなのになぜ現代人は無宗教を標榜し、特定宗派を怖れるのだろうか？　あらためて宗教の意味を問いなおす。

1126
骨が語る日本人の歴史
片山一道
縄文人は南方起源ではなく、じつは「弥生人顔」も存在しなかった。骨考古学の最新成果に基づき、歴史学の通説を科学的に検証。日本人の真実の姿を明らかにする。

1227
ヒトと文明
――狩猟採集民から現代を見る
尾本恵市
人類はいかに進化を遂げ、文明を築き上げてきたか。遺伝人類学の大家が、人類の歩みや日本人の起源を多角的に検証。狩猟採集民の視点から現代の問題を照射する。

1237
天災と日本人
――地震・洪水・噴火の民俗学
畑中章宏
地震、津波、洪水、噴火……日本人は、天災を生き抜く知恵を、風習や伝承、記念碑等で受け継いできた。各地の災害の記憶をたずね、日本人と天災の関係を探る。

1291
日本の人類学
山極寿一
尾本恵市
人類はどこから来たのか？　ヒトはなぜユニークなのか？　東大の分子人類学と京大の霊長類学を代表する二大巨頭が、日本の人類学の歩みと未来を語り尽くす。

ちくま新書

1359
大坂城全史
――歴史と構造の謎を解く
中村博司
豊臣秀吉、徳川家康・秀忠など、長きにわたり権力者たちの興亡の舞台となった大坂城を、最新の研究成果に基づき読み解く、通説を刷新する決定版通史！

1418
日本人はなぜ「頼む」のか
――結びあいの日本史
白川部達夫
『万葉集』『源氏物語』から「頼み証文」まで、史料に表れる「タノム」という言葉の変遷を読み、日本人の社会的結合を描く、まったく新しい社会心性史の試み。

1475
歴史人口学事始め
――記録と記憶の九〇年
速水融
二〇一九年に逝去した歴史人口学の泰斗・速水融の遺著。欧州で歴史人口学と出会い、日本近世経済史の知られざる姿を明らかにした碩学が激動の時代を振り返る。

1567
氏名の誕生
――江戸時代の名前はなぜ消えたのか
尾脇秀和
私たちの「氏名」はいつできたのか？　明治政府が行った改革が、江戸時代の常識を破壊し大混乱を巻き起こす。気鋭の研究者が近世・近代移行期の実像を活写する。

1570
持統天皇と男系継承の起源
――古代王朝の謎を解く
武澤秀一
自らアマテラスとなり、タテの天皇継承システムを創出した女性天皇の時代の後、なぜ男系継承の慣例が生じたのか？　平城京を三次元的に考察してその謎を解く。

1210
日本震災史
――復旧から復興への歩み
北原糸子
度重なる震災は日本社会をいかに作り替えてきたのか。有史以来、明治までの震災の復旧・復興の事例に焦点を当て、史料からこの国の災害対策の歩みを明らかにする。

1369
武士の起源を解きあかす
――混血する古代、創発される中世
桃崎有一郎
武士はどこでどうやって誕生したのか。日本を長期間統治した彼らのはじまりは「諸説ある」として不明とされていた。古代と中世をまたぎ、日本史最大級の謎に挑む。